JN028476

学生生活の
法学入門

第2版

山下純司・深町晋也・高橋信行

弘文堂

第 2 版　はじめに

本書は、大学に入学したばかりの学生に向けた法学入門書です。わたしたちの身近でおこりそうなトラブルについて、法律がどのようなルールを用意しているのか、民法・刑法・行政法という、三つの法律分野からやさしく説明をしています。

初版は 2019 年に出版されましたが、このたび第 2 版を出していただけることになりました。入門書ですので、内容を大きく変更はしていませんが、法改正に対応したり、統計資料をアップデートしたり、わかりにくいところに図を追加したりと、細かく見直しをしています。

初版出版後、多方面から好意的な反応をいただきました。主な読者は大学生のつもりでしたが、それ以外の方々にも読まれているようです。もともと本書は、高校生にもわかるぐらいやさしい法学入門書をつくりたいという、当時弘文堂の編集部にいた磯脇洋平氏の発案から生まれたものですから、こうして広く読まれていることはうれしい限りです。

初版の出版された 2019 年以降、コロナウイルスの流行があり、私たちの生活も大きく変化しました。オンライン化が進み、会議なども遠隔で行われるのが普通になっています。今回の改訂作業も、第一編集部の木村寿香氏がセッティングしてくださったオンライン会議のおかげで、執筆者 3 人はとても充実した打ち合わせをすることができました。もっとも、執筆者の 1 人が出張先である深夜 2 時のドイツから会議に参加するはめになったのは、オンライン化の弊害かもしれません。

いずれにしましても、本書がこうして第 2 版を迎えることができたのは、磯脇氏、木村氏、そして第一編集部編集長の北川陽子氏のおかげです。ここにお礼を述べさせていただきます。

2023 年 9 月　　　　　　　　　　　　　　　　　　　　著者一同

初 版　は じ め に

　この本は、大学に入学したばかりの学生に向けた法学入門書です。法学部に限らない、あらゆる学部の大学生を対象としています。

　本書では、学生生活のなかで巻き込まれそうなさまざまなトラブルや、新聞などで目に触れる身近な社会問題を例にとり、法律が、そうした問題を実際どのように解決しているのかを説明しています。私たちの生活に関わる法律はたくさんあるのですが、大きく分けると、民事法・刑事法・公法という三つに分類され、各分野の代表的な法律が、民法・刑法・行政法になります。そこで本書では、この三つの法律を中心に解説しています。

　わたしたちが本書を書いた意図について、とくにこれから法学を学ぼうとするみなさんを念頭に、簡単に説明をしておきます。

　平成 25 年（2013 年）の公職選挙法改正により、国政選挙や地方選挙の選挙権年齢が 20 歳から 18 歳に引き下げられました。また平成 30 年（2018 年）の民法改正により、成年年齢が 20 歳から 18 歳に引き下げられました（施行は令和 4 年〔2022 年〕4 月）。そのため、これからは、大学 1 年生となったみなさんは社会の一員として責任をもった行動ができるよう、社会の仕組みを学ばなければなりません。

　こうした社会の仕組みを形作るため、国会が定めるルールのことを法律と呼ぶことは、みなさんも知っていると思います。ですが、私たちの身近なところで関係する法律ですら、実際にどのようなルールが定められ、使われているのかについては、法学部に入らなければほとんど学ぶ機会がありません。これは本当はおかしなことです。身近に起きるかもしれないトラブルについて、問題解決のイメージがわかないようでは、社会の仕組みを知っているとはいえないはずです。

法律を初めて学ぶ人たちに、最初に知ってほしいのは、先に挙げた民法・刑法・行政法という三つの法律の役割です。これら法律は、ある一つの問題を解決するのに、役割分担をしながら協力して機能します。例えば、被害者救済は民法、加害者処罰は刑法、そしてトラブル予防は行政法といった風です。ある問題をルールによって解決するといっても、さまざまなアプローチがあること、それぞれの法律で、ルールの作り方が全く異なることを感じてもらえればと思います。

　次に、本書の構成について説明をします。
　本書はプロローグ、第Ⅰ部基礎編、第Ⅱ部発展編、エピローグという四つのパートに分かれています。プロローグは、民法・刑法・行政法という三つの法律のアプローチの違いを易しく説明しています。第Ⅰ部基礎編は、私たちの身近に起きそうな具体的なトラブルを例に、三つの法律がどのような解決方法を提示するのかについて解説しています。第Ⅱ部発展編は、①格差社会、②家族という抽象的なテーマについて、三つの法律分野で、何が問題になっているかといった解説をしています。法学入門の授業テキストとして使う場合には、第Ⅰ部はアクティブ・ラーニングの題材として、第Ⅱ部はレポート課題の参考として、使用してもらうイメージです。そして最後にエピローグでは、この本の内容を振り返ると共に、「法は何のためにあるのか」という問題を考える手がかりを示しています。
　なお、本書では2019年（第198回）通常国会までに成立した法改正については、施行前のものも含めてできる限り反映させています。

　本書は、民法・刑法・行政法を専門とする三人の大学教員が原稿を持ち寄り、ああでもない、こうでもないと議論をし、修正を繰り返しながら完成させました。三人の専門は全く異なるのですが、互いの原稿に対しても遠慮なく意見を交換し、原稿を提出した後も、互いに批判をし

あって幾度も練り直しました。最終的に、どの章をだれが担当執筆したかは記載しないことにしました。本書の執筆自体、役割分担はあるけれども完全な共同作業だったからです。

　このような形で1冊の本を書くという試みは、三人とも初めてでした。このため、企画はとにかく難航し、何度も暗礁に乗り上げました。今こうして出版できる運びとなったのは、本書の企画を立ち上げ、私たち執筆陣を引っ張って下さった元弘文堂の磯脇洋平氏、その企画を引き継ぎ、出版できる形に整えて下さった第一編集部の木村寿香氏、そして何より、同編集部編集長の北川陽子氏が、温かく見守って下さったおかげです。ここに感謝申し上げます。

　　2019年8月

　　　　　　　　　　　　　　　　　　　　　　　　　著者一同

プロローグ —————————————————————————— 001

1 大学生になった皆さんへ　001

2 民法を使って考えてみよう　002

3 刑法を使って考えてみよう　006

4 行政法を使って考えてみよう　011

5 法学の知識を勉強しよう　014

6 この本の紹介　016
（1）基礎編の紹介　016／（2）発展編の紹介　017

7 法学の世界へGo！　019

第Ⅰ部　基礎編

第1章　消費者被害にあう —————————————————— 023

1 民法を使って考える　025
（1）契約の基本と消費者契約　025／（2）契約上の義務の根拠　027／
（3）契約を守らなくてよい場合　028／（4）消費者保護の法律について　029

2 刑法を使って考える　030
（1）詐欺罪になるか　030／（2）恐喝罪になるか　031

3 行政法を使って考える　033
（1）行政による消費者保護　033／（2）特定商取引法の定めるルール　033／
（3）行政による監督手段　035／（4）消費者行政の実態　036

第2章　お金を借りる —————————————————————— 039

1 民法を使って考える　041
（1）金銭消費貸借契約　041／（2）契約による権利と義務　041／
（3）債務不履行があった場合　042／（4）契約の有効な成立　043／
（5）利息支払いの約束部分は有効か　044／（6）利息制限法　045

2 行政法と刑法を使って考える　045
　（1）貸金業法に基づく規制　045／（2）「闇金」に対する取締り　046

第3章　交通事故にあう —————————————————— 049

1 刑法を使って考える　050
　（1）南さんに刑事責任はあるのか　051／（2）山田君に刑事責任はあるのか　053／
　（3）朝倉さんに責任はあるのか　055

2 民法を使って考える　057
　（1）不法行為と損害賠償（民事責任）　057／（2）被害者の過失の考慮　061／
　（3）損害の分担という発想と保険の話　062

3 行政法を使って考える　063
　（1）自動車についての道路交通法上の規制　063／
　（2）自転車についての道路交通法上の規制　066

第4章　路上喫煙 —————————————————————— 069

1 行政法を使って考える　071
　（1）条例の仕組み　071／（2）城東市独自の路上喫煙対策　073

2 刑法を使って考える　074
　（1）路上喫煙・ポイ捨ての禁止　074／（2）傷害についての責任　077

3 民法を使って考える　078
　（1）大田さんの彩子ちゃんに対する責任　078／
　（2）加害者の親の責任（監督義務者の責任）　079／
　（3）加害者の親の責任（親自身の不法行為責任）　080

第5章　アルバイトをする ————————————————— 083

1 民法を使って考える　085
　（1）雇用はどういう関係か　086／（2）労働基準法・労働契約法　087／
　（3）安全配慮義務　088／（4）解雇権の濫用　089／
　（5）民法における信義則と権利濫用　089

2 刑法を使って考える　090
　（1）店長に名誉毀損罪は成立するか　091／（2）店長に強要罪は成立するか　092

  3 **行政法を使って考える**　092
   （1）労働基準監督の仕組み　093／（2）外国人の就労規制　094

第6章　生活保護 ————————————————— 099

  1 **民法を使って考える**　102
   （1）生活保護制度と親族間の扶養義務　102／（2）扶養義務の内容について　104／
   （3）家庭裁判所の役割　106

  2 **行政法を使って考える**　106
   （1）家族による支援から行政による支援へ　107／
   （2）生活保護の具体的な仕組み　108／
   （3）親族による扶養と生活保護の関係　110

  3 **刑法を使って考える**　112
   （1）作為と不作為　112／（2）保護責任者　113

第7章　不法投棄 ————————————————— 115

  1 **民法を使って考える**　117
   （1）ゴミと法律　117／（2）民法による解決　119／
   （3）所有権の効力　119／（4）放置物に所有権はあるか　121

  2 **行政法を使って考える**　122
   （1）廃掃法の仕組み　122／（2）不法投棄問題　125／
   （3）不法投棄と責任追及　127／（4）行政に対策を求める訴え　128

  3 **刑法を使って考える**　129
   （1）土地への不法投棄と不動産侵奪罪　129／
   （2）不動産侵奪罪に当たるか　130

第Ⅱ部　発展編

テーマ**1**　格差社会と法────────── 134

第**8**章　行政法から考える格差社会と法──────── 136

1　教育と奨学金　136

2　相続と相続税　140

3　生活保護と自立促進　143

第**9**章　刑法から考える格差社会と法──────── 148

1　格差社会と刑法　148

2　詐欺罪　152
（1）オレオレ詐欺（振り込め詐欺）とは　152／
（2）オレオレ詐欺で問題となる犯罪　154

3　高齢者の犯罪　157
（1）高齢者犯罪の傾向　157／（2）高齢者犯罪と窃盗犯　158／
（3）窃盗犯以外の高齢者犯罪　159

第**10**章　民法から考える格差社会と法──────── 160

1　借金の理由　160
（1）多重債務問題　160／（2）生活苦による借金　160／
（3）債務を負うこと　161

2　住宅ローン　162
（1）住宅ローンの仕組み　162／（2）金融機関の貸し倒れ対策　162／
（3）期限の利益喪失条項　163／（4）抵当権の実行　164

3　クレジットカード　165
（1）クレジットカードの仕組み　165／（2）カード破産の起きやすい理由　166／
（3）割賦販売法　167

4 連帯保証　168
（1）保証人になるということ　168／（2）連帯保証契約の意味　168

5 多重債務に陥ってしまったら　169
（1）破産手続　169／（2）破産手続利用の注意点　170／
（3）債務整理　171

テーマ2　家族と法 ——————————————— 173

第11章　行政法から考える家族と法 ——————— 175

1 児童虐待と児童相談所　175

2 学校教育と「教育の自由」　180

第12章　民法から考える家族と法 ——————— 185

1 私たちと家族　185

2 婚姻の定義と成立の条件　185
（1）明治民法と婚姻　185／（2）婚姻が成立する条件　186／
（3）同性カップルの扱い　187

3 婚姻と事実婚　189
（1）夫婦間の法律関係　189／（2）事実婚カップルの法律関係　189／
（3）夫婦別姓論議　191

4 親子関係　192
（1）父子関係とDNA鑑定　192／（2）母子関係と生殖医療　193／
（3）親子関係の意味　194／（4）養子制度　194

第 **13** 章　刑法から考える家族と法 ————— 196

1　家族と刑法　196

2　家庭内の財産に関するトラブル　198

（1）泥棒息子のケース　198／（2）家庭内でお金を盗むと処罰されるのか　198／
（3）当選した宝くじのケース　199／（4）親族相盗例ではうまくいかないこと　199

3　家庭内暴力（ドメスティック・バイオレンス）　201

（1）犬も喰わない喧嘩から法的な問題へ　201／（2）DV防止法とは　202／
（3）DV反撃殺人事例　204

エピローグ ————————————— 206

1　この本の内容を振り返ってみよう　206

（1）エピローグのはじまり　206／（2）契約の重要性　206／
（3）法に反した場合にはどうなるのか　208／
（4）社会のあり方と法の関係を考える　211

2　本当のエピローグ　213

（1）きまりごととは何か　213／（2）問題解決の道具としての法　216

【凡例】

本書では、2023 年（第 211 回）通常国会までに成立した改正法については、施行前であっても改正後の条文を基本としています。

高等教育無償化法　大学等における修学の支援に関する法律

児童虐待防止法　児童虐待の防止等に関する法律

自動車運転死傷行為処罰法　自動車の運転により人を死傷させる行為等の処罰に関する法律

出資法　出資の受入れ、預り金及び金利等の取締りに関する法律

入管法　出入国管理及び難民認定法

特定商取引法　特定商取引に関する法律

廃掃法　廃棄物の処理及び清掃に関する法律

DV 防止法　配偶者からの暴力の防止及び被害者の保護等に関する法律

プロローグ

1 ｜ 大学生になった皆さんへ

　大学に入学すると、いよいよ「大人」への第一歩が始まる。大学での学びはこれまでの学びとは大きく様変わりするので、とまどう学生も多いかもしれない。また、親元を離れて一人暮らしを始めたり、社会人に向けて早速就職活動などの準備をしたりする人も少なくないだろう。

　さて、大人になる、ということは、自由が広がると同時に、様々な責任を引き受けないといけないことを意味する。例えば、アルバイトで働くのであれば、生活費を稼ぐことができる反面、仕事でミスをしてしまい、逆に責任を負うこともあるかもしれない。銀行やクレジットカード会社から借金をすれば、当然、期日までに借金を返さないといけない。もし返済できなければ、様々なペナルティを受けることになる。

　他にも、マンションの部屋を借りて一人暮らしを始めると、その部屋を適切に管理する責任を負うことになる。もし火の不始末で火事になってしまったら、その損害を大家（マンションの所有者）に賠償しなければならないこともある。

　このように、大人になると行動範囲が広がることから、様々なトラブルに巻き込まれやすくなる。しかも、中学生や高校生のときには保護者や学校の先生に守ってもらっていたが、18歳を過ぎると、原則として自分で自分の身を守らなければならなくなる。

　大学生になったばかりの皆さんに夢も希望もない話をするのは残念ではあるが、世の中とは結構厳しいところである。しっかり気を引き締めて日々を過ごしてもらいたいが、不幸なことに、十分注意していたとしてもトラブルが起きてしまうこともある。

そんなときに役立つのが「法律」の知識である。そもそも法律とは、社会での様々なトラブルを解決するために作られたルールの集まりである。憲法を初めとして、民法や刑法といったたくさんの法律が存在するが、それらの共通の目的は、社会のトラブルを未然に防ぐこと、そして、トラブルが起きてしまった場合には、その適切な解決を目指すことにある。

2 │ 民法を使って考えてみよう

では、実際にトラブルが起きたときにどのように解決されるのだろうか？ 例えば、次のようなケースで考えてみよう。

あなたは、友達のたかし君がノートパソコンを使って課題のレポートを書いているのを見かけた。

あなた：そのノートパソコン、便利そうだね。

たかし：そうだね。軽くて持ち運びしやすいから、学校で勉強するときに便利だよ。

あなた：僕もほしいな。でも高いんでしょ？

たかし：新品だと 10 万円とか 15 万円はするかな。

あなた：そんなに！ とても買えないよ。

たかし：これから新しいノートパソコンに買い替える予定だから、何ならこの古いのを売ってあげようか？ ３万円でどうだろう？

あなた：３万円か……。それだと何とか買えるな。

たかし：ただ、もう３〜４年使っている物だから、新品に比べると性能は落ちるよ。

あなた：構わないよ。よし決めた！ ３万円で君のノートパソコン

を買おう！

　こうして、あなたは３万円を払ってたかし君からノートパソコン
を手に入れた。早速使ってみると、確かに便利である。これはお買
い得だったな、とあなたが喜んだのもつかの間、３日後には故障し
て画面が映らなくなってしまった。そこで、あなたはたかし君に苦
情を言うことにした。

たかし：そうか。それは残念だったね。
あなた：そりゃ中古品だから性能が落ちるとは思っていたけど、画
　　　　面が映らなくて全然使えないよ！
たかし：そう言われても、僕の責任じゃないよ。君に売ったときに
　　　　は、ちゃんと画面は映っていたじゃないか。
あなた：まあ、それはそうだけど。３日しか使ってないんだよ！
　　　　ノートパソコンを君に返すから、代金の３万円を返してよ。
たかし：えー、嫌だよ。どうして返さないといけないんだよ！

　さて、このような場合にあなたは３万円を取り戻すことができるだろ
うか？　もちろん、たかし君が親切に３万円を返してくれれば、トラブ
ルは起きないので法律の出番はない。しかし、このケースのようにたか
し君が返すのを拒むときには、法律のルールに基づいて解決されること
になる。
　つまり、「たかし君はあなたに３万円を返さなければならないのか」、
「たかし君は３万円を返す必要はないのか」、それとも、「たかし君は代
金の一部（例えば１万円）だけを返せばよいのか」、といった点は、法
律に基づいて決定されるのである。
　具体的には、ここでは「民法」という法律が登場する。ただ、その
ルールは極めて複雑である上に、専門用語が多数登場するので、ここで

はその基本的な考え方だけを説明しよう。詳細については、**第Ⅰ部**「基礎編」の説明を読んでもらいたい。

さて、民法の考え方では、ここでは、あなたが「買主」、たかし君が「売主」となって、３万円でノートパソコンを買うという約束が交わされたと説明される。このような約束のことを「売買契約」と呼ぶ。この契約により、あなたは「３万円を払ってたかし君からノートパソコンを受け取る権利」を得て、たかし君は「３万円と交換にあなたにノートパソコンを渡す義務」を負った、ということになる。また、このような権利・義務のことを民法では「債権」・「債務」と呼んでいる（→ 42 頁）。

ここで問題となるのは、たかし君がどのような内容の義務を負っているか、ということである。ここでは大きくわけて次の二つの考え方が成り立つ。

考え方１：たかし君は、（その性能や品質に関係なく）自分のノートパソコンをあなたに渡せば、義務を果たしたことになる。

考え方２：たかし君は、正常に作動するノートパソコンをあなたに渡さない限りは、義務を果たしたことにならない。

一方で、もし**考え方１**をとるのであれば、たかし君は自分の義務を果たしているから、後でノートパソコンが故障したとしても、それはたかし君の責任ではないことになる。したがって、３万円を返す必要もない。あなたにとっては残念な結果であるが、そもそも、３万円という新品よりもかなり安い価格で手に入れた以上は、性能や品質が劣ることは覚悟しなければならないとも言える。

他方で、**考え方２**をとるのであれば、３日で壊れてしまうようなノートパソコンは正常に作動する物とは到底言えないので、たかし君はまだ義務を果たしていないことになる。これを民法では、「債務不履行」と

呼んでいる（→42頁）。債務が適切に履行されていないということである。この場合、あなたは正常に作動するノートパソコンの引渡しをたかし君に求めたり、損害賠償として金銭の支払いを求めたり、場合によっては、契約を取りやめて（「契約解除」と呼ぶ）ノートパソコンを返す替りに3万円を返してもらったりすることができる。

このように、**考え方1**と**考え方2**のどちらをとるかで、結論が180度変わってしまうのが法律の特徴である。本来は、あなたがノートパソコンを買う際に、**考え方1**と**考え方2**のどちらをとるのか、たかし君と話しあって決めておけばよかったのである。そうすれば、その約束に従ってトラブルがスムーズに解決されたはずである。

しかし、日常生活では、ここまで細かい内容まで約束することは稀だろう。その場合には、裁判を提起して、裁判所に解決を依頼することになる。裁判所はあなたとたかし君の言い分をよく聞いた上で、**考え方1**と**考え方2**のどちらに立つべきなのか、つまり、たかし君は3万円を返さないといけないのか否か、を「判決」という形で示してくれる。

このケースのように、法的な争いがある場合、裁判所にその解決を頼むことができる。これを「訴訟」と言い、解決を求める人のことを「原告」と、争いの相手方のことを「被告」と、それぞれ呼んでいる。そして、裁判所は、原告と被告の主張を聞いた上で解決方法を判断するが、この判断のことを「判決」と呼ぶ。原告の主張が正しいと判断するときは、原告の要求に応じて、被告に対して命令をする（「請求認容判決」と呼ぶ）。これに対して、被告の主張が正しいと判断するときは、原告の要求は受け入れられない（「請求棄却判決」と呼ぶ）。

このケースでは、代金の返還を求めるあなたが原告となり、代金の返還を求められるたかし君が被告となる。その内容は「代金3万円を返還すること」という請求であり、裁判所があなたの主張を正しいと判断する場合には、裁判所は請求を認めて、たかし君に3万円の返還を命じる

のである。

　ここまでの説明から、民法がトラブルの解決に役立っていることが理解できただろう。また、このようなトラブルに巻き込まれないためにも、「契約」を結ぶときには、たとえ友達同士でも細かい条件を決めることが本来は望ましいこともわかっただろう。

　その他にも、民法には様々なルールが定められており、契約をめぐるトラブルの解決策だけでなく、例えば交通事故にあったときや、逆に交通事故を起こしてしまったときの解決策も決められている（→57頁）。これから社会生活を送っていく上で、民法の知識が役立つことも少なくない。

　もちろん、民法の正確なルールを細かく覚えるのは大変だが、大まかな原則だけでも知っておけば、トラブルが起きたときにも慌てず適切に対処できるし、「泣き寝入り」を避けることもできるのである。

3 ｜ 刑法を使って考えてみよう

　次に、以下のようなケースについても考えてみよう。

　あなたは、アイドルグループ「談合坂56」の絶対的エース・宇海無利菜（かいむりな）の大ファンであり、アルバイト代を貯めて特注のフィギュア（人間や動物、キャラクターなどに似せて創られた人形のこと）を購入した。「談合坂56」を知らない人にとってはただの人形であるが、実はファンの間では3万円相当で取引されている高価な物である。

　そして、あなたは、早速友人に見せびらかすために、この特注のフィギュアをカバンに入れて学校に持っていった。ところが、休み

時間中にカバンを席に置いてトイレに行った隙に、そのフィギュア
を盗まれてしまった。

　あなたはショックのあまりしばらくその場を動けなかったが、盗
んだ犯人を見つけるべく、周りの友人に聞いてみたところ、同級生
のやすし君があなたのカバンの中を覗いていたとのことであった。
そこであなたは急いでやすし君を探して問い詰めることにした。

あなた：あのさ、僕のカバンの中を覗いていなかったかい？

やすし：ええっ？　何のことだい？

あなた：いや、君が僕のカバンから盗んだところを見た人がいるん
　　　　だよ。

やすし：突然何を言うんだよ。知らないよ、フィギュアのことなん
　　　　か。

あなた：おい、僕は「フィギュアが盗まれた」とは一言も言ってな
　　　　いぞ！さてはやっぱり君が……。

やすし：いや、いや、本当に知らない！

あなた：怪しいぞ。本当のことを言え！

やすし：知らないものは知らない。そもそも、どこに証拠があるん
　　　　だよ。人を泥棒扱いするのもいいかげんにしてくれ！

あなた：う、うーん。証拠か……。

　またあなたは不幸にもトラブルに巻き込まれてしまったが、この場合
には法律はどのような解決策を用意しているのだろうか。

　民法のルールによると、やすし君が本当にフィギュアを盗んだのであ
れば、当然、あなたはやすし君にその返還を求めることができる。民法
の専門用語を用いると、これは次のように説明される。まず、あなたが
フィギュアを購入して持っていることは、「所有権を有している」と表
現される。所有権とは、その名の通り、物や土地・建物の所有者として

の権利、ということである。

　次に、そのフィギュアが盗まれたことは、所有者としての権利が奪われたことを意味するので、「所有権が侵害された」と表現される。そして、このような所有権の侵害に対しては、所有者はその回復を求めること、つまり、フィギュアの返還を求めることができるのである（→ 120頁）。

　　　ここまでの説明のように、「盗まれた物を返してもらう」という単純な出来事も、民法の視点で考えると、所有権の侵害とその回復として説明される。難しいと思える専門用語でも、日常の言葉に置き換えることで理解しやすくなるだろう。

　もちろん、物を盗んだ人には、単に返還を求めるだけでなく、より強い制裁を科すべきであるとも考えられる。そうしないと、盗みが横行してしまい、社会の秩序を保てなくなるからである。

　そこで、「刑法」の出番となる。刑法とは、窃盗や殺人、詐欺といった行為（犯罪）を処罰する法律である。ここで言う「処罰」には、強制的に金銭を取り立てるという「罰金刑」や、刑務所に閉じ込めた上で強制的に労働させるという「懲役刑」の他に、最も重いものとして、命を奪うという「死刑」といったものがある。懲役刑や罰金刑であっても、制裁としては極めて強力なので、犯罪を防ぐために効果的であることが理解できるだろう。

　　　なお、2022 年の刑法改正により、懲役刑と禁錮刑に換えて「拘禁刑」が導入されることが決まった（2025 年から実施予定）。拘禁刑においても、刑務所に収監されることに変わりはないが、再犯防止や更生のための指導や訓練により重点が置かれるのが特徴である。

そして、このケースのように、他人の物を盗むということは、刑法235条の「窃盗罪」として処罰される。具体的には、「他人の財物を窃取した者は、窃盗の罪とし、10年以下の懲役又は50万円以下の罰金に処する」と定められている。難しい専門用語が並んでいるが、要するに、他人の物や金銭を盗んだ場合には、最大で10年間の懲役刑か50万円の罰金刑が科されるということを意味する。

　ただし、ここで注意しないといけないのは、やすし君が本当にフィギュアを盗んだのか、現時点ではわからないことである。確かに、やすし君はかなり怪しそうだが、それでも、やすし君が盗みを働いたという決定的な証拠があるわけではない。では、どうすればよいのだろうか。

　そもそも、窃盗罪に限らず、犯罪の疑いがある場合には、警察が「捜査」をして犯人を探し出すこととされているので、あなたとしては、警察に事情を話して犯人を捕まえることを頼めばよいのである。

　このように、犯罪の被害者が警察に依頼して犯人を捕まえるように求めることを「告訴」と呼ぶ。より正確には、「捜査機関（警察・検察）に対して犯罪を申告し処罰を求める意思表示」と定義される。ただし、警察も多忙であるため、告訴を受け付けず、捜査を始めてくれないこともある。

　依頼を受けた警察は、防犯カメラの映像を見たり、関係者の証言を集めたり、カバンについた指紋を調べたりして、犯人を割り出してくれる。その上で、犯人を逮捕してさらに取り調べを行い、犯罪の疑いが十分にある場合には、刑事裁判が始まる。この刑事裁判では、有罪か無罪か（本当に罪を犯したかどうか）、有罪である場合にどの程度の刑罰を科すのか、といった点について裁判官が判断する。市民も「裁判員」として参加する「裁判員裁判」の場合は、裁判官と裁判員が判断する。

　このケースでは、やすし君に対する捜査の例として、警察が防犯カメ

ラの映像を見ることが考えられる。もしやすし君がフィギュアを盗んでいる姿が防犯カメラに映っていれば、それが決定的な証拠になるだろう。その場合には、やすし君は逮捕される可能性が高い。さらに証拠が固まれば、やすし君は刑事裁判にかけられて有罪判決が下されることになる。

> 刑法の専門用語では、罪を犯した疑いのある人を「被疑者」と呼び、被疑者を刑事裁判にかけることを「公訴提起」または「起訴」と言う。また、公訴が提起された人を「被告人」と呼んでいる。刑事裁判では、罪を追及する検察官と被告人を守る弁護人がそれぞれ主張を述べて、裁判官が双方の言い分を聞いた上で判決を下すのである。

　このように、刑法に基づいて犯罪を処罰するために、警察による捜査や裁判官による刑事裁判といった制度が導入されている。これらの手続に関するルールは「刑事訴訟法」によって定められている。刑法と刑事訴訟法はよく似ているが、それぞれに違う役割があることを覚えておこう。

　さて、これまでの説明から、刑法の定める解決策が理解できたと思われる。刑法は、一定の行為を刑罰によって処罰して制裁を加えることで（「刑罰の威嚇力」と呼ぶ）、そのような行為が繰り返されないことを目的としている。法律の中でも、民法と刑法では全く解決策が違っているのが特徴である。

　ただし、刑罰は極めて強力なので、刑罰を科すのは必要最小限にとどめなければならないと考えられている（これを「謙抑主義」と呼ぶ）。皆さんの安全と秩序を守るための最後の砦として、刑法が機能しているのである。

4 ┃ 行政法を使って考えてみよう

　この本では、もう一つ、「行政法」と呼ばれる法分野についても学ぶ。民法や刑法と比べると、行政法はさらに複雑な仕組みであるが、日常生活にも深く関わっている。そんなケースを一つ紹介しよう。

　　あなたは、休日にアルバイトしようと思って、友達におすすめのアルバイトを聞いていたところ、その話を聞いたみか先輩があなたにアルバイトの話を持ちかけてきた。

み　か：聞いたよ。アルバイトを探しているんだって？

あなた：そうです。できれば、お店で販売のアルバイトをしたいんです。

み　か：それならいい話があるよ。私が今度始める古着のリサイクルショップで働いてみない？

あなた：リサイクルショップ？

み　か：お客さんから古着を買い取って、それを別のお客さんに売るんだよ。専門的な知識はいらないから、洋服が好きならすぐに始められるよ。

あなた：おもしろそうですね。わかりました。是非アルバイトさせてください！

　　こうしてあなたは、みか先輩の経営するリサイクルショップで働くことになった。最初はとまどうことも多かったが、１か月もすると、仕事にも慣れて楽しく働けるようになった。しかし、そんなある日、少し怖い顔をした警察官が店にやってきた。

警察官：こんにちは。一つ聞きたいんだけど、店長の方は今いらっ

しゃるかな？

あなた：いえ、店長は外出中なんですが。

警察官：そうですか。このお店では顧客から古着を買い取っている
のですよね？

あなた：はい。リサイクルショップですから、お客さんが持ち込ん
だ古着を買い取って販売しています。お店の中を案内しま
しょうか？

警察官：いや、買い物に来たわけではないのです。そうだとすると、
コブツ営業許可が必要になるのですが、このお店では許可
をとっていないようですね。

あなた：ええっ？　「コブツ」って何ですか？

　どうやら、その警察官の話によると、店長のみか先輩がコブツ営
業許可をとるのを忘れているので、リサイクルショップの営業は違
法になるということであった。「違法」という警告に驚いたあなた
は、急いでみか先輩に連絡することにした。

　今度のトラブルは少し複雑である。リサイクルショップの経営が「違
法」と言われたのだが、何がどう違法なのか、あなたにはさっぱりわか
らない。みか先輩も誠実な人柄なので、客を騙したり、危険な商品を
売ったりすることはなかったはずである。しかし、法律に違反している
のであれば、大変なことになりそうである。

　ここで問題となるのが行政法である。ただ、「行政法」という法律が
存在するわけではなく、行政に関係する様々な法律をまとめて「行政
法」と呼んでいることに注意してほしい。そして、リサイクルショップ
の経営に関わるのが「古物営業法」である。

　古物とは、「使用済みの不用になった品物」のことであり、この古物
を売買することを古物営業と呼んでいる。そして、古物営業に関する

ルールを定める法律として、古物営業法が定められている。警察官が言う「違法」とは、この古物営業法に違反しているということである。

　古物営業法の仕組みによれば、古物営業を始める際には、事前に行政（都道府県公安委員会）の許可を受けなければならない。言い換えると、古物営業を始めることに問題がないか、行政があらかじめチェックすることになっている。みか先輩はこの許可を受けずにリサイクルショップを始めてしまったために、警察官が調べに来たのである。

　このように、行政法の特徴の一つとして、人々の活動を行政が制限することが挙げられる（これを「規制」と呼ぶ）。しかし、リサイクルショップを始めるのにわざわざ行政の許可を受けないといけないのは、随分おかしな話でもある。なぜこのような面倒な仕組みがあるのだろうか？

　実は、古物営業法に限らず、行政法の役割は「他人に迷惑をかけるような活動を制限すること」、より専門的に言うと、「公共の福祉」を害するような活動を規制することにある。例えば、工場から有害な煙が出ると、付近の住民の健康が害されるかもしれない。そこで、行政が工場の経営者に命令して有害な煙の排出を禁止することで、住民の健康を守るのである。

　　　日本国憲法は、表現の自由や職業選択の自由を基本的人権として保障
　　しているが、これらの基本的人権も「公共の福祉」による制約を受ける。
　　つまり、自由が保障されているといっても、他者に迷惑をかけるような
　　場合には、自由の行使は制限されるのである。そして、大まかに言えば、
　　この制限の内容を具体的に定める法的ルールが「行政法」なのである。

　古物営業の場合には、実は、泥棒が盗んだ品物を売りに来るというおそれがある（これを「盗品売買」と呼ぶ）。盗品売買が容易になるとそれだけ犯罪が助長されてしまうので、盗品売買を取り締まることが必要

になってくる。そこで古物営業法が制定されて、経営者が犯罪を助長するような人物に当たらないか、品物を買い取る際に身分証で名前や住所を確認しているか、といった点を、行政がチェックすることにしたのである。

このように、将来起きるかもしれない様々な被害に早めに対処するのが行政法の役割である。民法や刑法とは違うコンセプトに基づいているので、行政法の仕組みは少し複雑になっているが、読者の皆さんの生活を守るために大きく貢献していることを覚えておこう。

5 | 法学の知識を勉強しよう

さて、これまで紹介した三つのケースからわかるように、キャンパスライフを始める際には、様々なトラブルに巻き込まれることも想定しないといけない。もちろん、トラブルが起きないことが理想だが、トラブルが降りかかってくることも少なくないので、自分の身は自分で守る準備をしておく必要がある。

そこで、法律の知識を学ぶこと、つまり、「法学」の勉強をお勧めしたいが、実はこの法学はかなり難しい学問なので、通常の教科書や参考書を読んだだけでは、トラブルをどのように解決できるのか、すぐにはわからないことが多い。

なぜかと言うと、通常の教科書等では、法律に関する様々な原則や制度が説明されているが、それらがどのような場面でどのように役立つのか、という点は必ずしもわかりやすく解説されているわけではないからである。

数学で例えると、三角関数（sin θ や cos θ 等）について学んでも、それが実生活でどのように役立つのか、よく知らないという人も多いだろう。ある程度学習が進んでいくと、コンピューターや家電製品、自動

車などの制御にも三角関数が活用されることがわかるが、数学の難しさにつまづいて、そこまでたどり着かない人がほとんどである。そして、そのときになって初めて「そうか！　三角関数にはこんな活用方法があるんだ！　もっと勉強しておけばよかった！」と後悔するのである。

　法学の世界でも、これと似たようなことがしばしば起こる。教科書等で様々な原則や法律の内容等をしっかり学んで、かなり勉強が進んだ後で初めて「そうか！　この○○原則や××法はこういうトラブル解決に役立つんだ！　もっと早く気づけばよかった！」と実感できるのだが、そこに至るまではかなり長い道のりであり、大変残念なことに、膨大な量の法学の知識を学ぶのに嫌気がさして、そこまでたどり着けない人も少なくない。

　そこでこの本では、発想を少し変えることにして、まずは、キャンパスライフや身の回りで起こるかもしれない様々なトラブルを取り上げた上で、それらを解決するためにどのような法律の知識が必要なのか、という説明を加えている。そして、読者の皆さんには、網羅的・体系的に学ぶのではなく、実生活に役立つ知識を飛び飛びに学んでもらう。

　このような学習方法は「問題を基礎とした学習（Problem-Based Learning：PBL）」と呼ばれるものである。自分が学んだ知識がすぐに実生活に役立つことを実感できるので、初学者が法学に関心を持ち、意欲的に勉強を続けるためには最良の方法であると言われている。

　もちろん、この方法にも弱点がないわけではない。本書で取り扱う法学の知識は、通常の教科書などに比べると、体系性が欠けている上に、その量も劣っている。また、初学者にとってわかりやすい説明となることに重点を置いているので、詳細な説明を省いているところも少なくない。

　例えば、法学においては、「原則」と「その例外」と「そのまた例外」といった関係に立つルールが多いために、本来、それら全てを説明する必要があるが、それはあまりに大変なので、「原則」のみを説明するに

とどめているところも多い。

このように、本書は法学の入門書として、初学者にとって難解な法学の世界にスムーズに入っていけるように、様々な工夫をこらしているのが特徴である。

6 ｜ この本の紹介

ここで、この本全体の紹介をしておくと、第Ⅰ部の「基礎編」と第Ⅱ部の「発展編」に大きくわけられる。

（1）基礎編の紹介

まず、第Ⅰ部「基礎編」では、身近で起こるかもしれない七つのトラブルを取り上げる。比較的簡単なケースから始めて、後半になるにつれて、より複雑なケースが登場するのが特徴である。

第1章「消費者被害にあう」では、高額な英会話の教材を半ば強引に売りつけられたときの対処法について説明する。英会話の教材に限らず、物を買ったり売ったりすることは民法では「売買契約」と呼ばれる。このような売買契約をめぐるトラブルについて、どのような解決策があるのか、という点がテーマとなる。

第2章の「お金を借りる」では、高利貸から借金をして利息の支払いが膨らんでしまったというトラブルを扱う。金銭の貸し借りに関する契約のことを特に「金銭消費貸借契約」と呼ぶが、実際には、借金が返せなくなるなどのトラブルが頻繁に起こっている。このようなトラブルから身を守る方法について考えてみよう。

第3章の「交通事故にあう」では、タイトルの通り、交通事故にあったときの責任問題について解説する。交通事故の加害者になったり、逆に被害者になってしまった場合に、どのような法律が関係してくるか、

といった点を学ぶ。

　第4章の「路上喫煙」では、大学生が路上で喫煙した場合の問題について取り上げる。モラルやマナーの観点からは、路上喫煙があまり好ましいことではないことは言うまでもないが、法のルールに反するか否かはまた別の問題である。路上喫煙に対する法的な規制のあり方について考えてみよう。

　第5章の「アルバイトをする」では、外国人留学生がアルバイトでトラブルに巻き込まれたというケースについて考える。学費や生活費を稼ぐためにアルバイトを始めると、様々なトラブルが起きてしまうことがある。立場の弱いアルバイトを守るために、法律がどのようなルールを定めているか、しっかり覚えておこう。

　第6章の「生活保護」では、生活に困窮している親戚が生活保護を必要としている、というケースを取り扱う。生活保護が経済的弱者を守るための「セーフティネット」として機能していることを学ぶ。

　第7章「不法投棄」では、山林に大量のゴミが不法に捨てられた場合（「不法投棄」と呼ぶ）の解決策について説明する。美しい自然環境を守るためには、不法投棄を厳しく取り締まる必要があるが、現実には十分な対策がとられていない。そのような現状についても学ぶことにしよう。

（2）発展編の紹介

　第Ⅰ部「基礎編」の後には、第Ⅱ部「発展編」として、「格差社会と法」と「家族と法」の二つのテーマを取り上げる。ここでは、「基礎編」で学んだ知識をいかして、特定のテーマについてより深く考えることが目標となる。

　テーマ1「格差社会と法」では、近年何かと問題になっている格差社会について、法がどのように関わっているかを学ぶ。いわゆる「格差社

会」とは、富裕層と貧困層の差が拡大していく社会のことを指す。読者のみなさんも格差社会にはあまり良いイメージを持っていないと思われるが、実際、格差が過度に広がりすぎることは社会不安を招くので好ましいものではない。

　そこで、格差が広がり過ぎないように、国家が富の再配分を担うこととなる。わかりやすい例としては、富裕層から税金を多く徴収して、貧困層に手厚い社会保障を行うことが挙げられる。逆に言えば、国家が格差の是正に乗り出さないと、経済の法則性から、富める者はますます豊かになり、貧しい者はますます貧しくなってしまうのである。

　さて、基礎編の**第6章**「生活保護」でも少し触れたように、このような格差是正のために法は重要な役割を果たしている。生活保護や奨学金の支給や各種の税金の徴収も、法律によって導入されたものであり、法律の定めるルールが適用されるからである。

　しかし、皮肉なことに、ときとして法が格差の拡大を助長することもある。例えば、生活苦のために借金を繰り返すと、借金を返すことができなくて自己破産を余儀なくされて、かえって信用を失ってしまうということもある。また、税金についても、富裕層に対する税金を安易に減らしてしまうと、経済は一時的には活性化されるかもしれないが、富の再配分が十分できなくなって、結果的には社会の活力が失われてしまうだろう。また、生活苦のために窃盗や詐欺といった犯罪をしてしまい、一度有罪判決を受けると、社会復帰が困難となり、生活が一層苦しくなるといった現状もある。

　このように、法が十分に機能しないと、格差社会がますますひどくなってしまうおそれがあるので、法と格差社会の緊張関係について、常に関心を持ち続ける必要があるだろう。

　テーマ2「家族と法」では、家族のあり方や家族内のトラブルといった点について、法がどのようなルールを定めているかを学ぶ。

あまり実感がわかないかもしれないが、家族とは一つの部分社会（→ 173 頁）であり、その中でのトラブルは家族自身で解決する方が望ましいという考え方がある。別の言い方をすると、国家が家族のあり方に過度に介入することは望ましくないとされるのである。

　確かに、例えば子どもが親の財布から 1 万円を抜き取ったといった家族内の犯罪については、裁判所が刑罰をもって厳しく処罰することは、その家族にとって良い結果を生まないかもしれない。

　また、パートナーと共同して生活を送るという局面でも、男性と女性が婚姻を結ぶという形だけでなく、いわゆる「事実婚」や同性間のパートナー形成（同性婚）を選ぶ者も多くなっている。本来、家族のあり方は多様であるべきことから、これらのカップルに国家が不利益を与えてはならないことは言うまでもない。

　ただ、逆に国家による介入が必要とされている分野もある。たとえば、家族内に深刻なトラブルが発生しているのであれば、もはや家族に解決を任せるわけにはいかない。典型例としては、児童虐待に対する対策を挙げることができるだろう。近年では、児童虐待が深刻化することを防ぐために、行政や警察がより積極的に介入して、必要に応じて児童を親元から引き離すといった方法がとられるようになっている。

　残念なことに、多様な家族のあり方について法がどのように関わるべきか、という問題には唯一の正解は存在しない。普段何気なく接している家族の背後にも、実に複雑な法律問題があることを覚えておこう。

7 ｜ 法学の世界へ Go！

　さて、ここまで読んでくれたのなら、法学の世界に少しずつ興味がわいてきたのではないだろうか。

　法学では、一般的なルール（法規範）を具体的な事実に適用して解決

策を導き出すという方法がとられている。そのため、最初は法学の考え方を理解するのは容易ではない。

　しかし、法学は身近なトラブルと深く関係している実践的な学問でもあるので、その知識を少しでも知っておけば、これからの生活に必ず役立つ。何か理不尽な目にあったとしても、法律を活用すれば、おおむね合理的で妥当な結果を得られるということである。

　そこで、少し苦労するかもしれないが、この本を最後まで読み進めてほしい。そして、抽象的なルールを適用して具体的なトラブルを解決する、という法学の考え方をマスターしよう。

　さらに、本書では飽き足りず、もっと法学の世界に足を突っ込んでみたいという方は、教科書や基本書を購入したり、大学の講義を受講したりして、さらに勉強を進めてもらいたい。法学の世界は本当に奥が深く、研究生活を始めて20年ほどになる私たち筆者にとっても、新しい発見に出会うことも数多い。そんな奥深い学問の「入口」として本書を活用していただければ幸いである。

第Ⅰ部　基礎編

第 **1** 章　消費者被害にあう

　契約についてはプロローグで説明したが、「代金を払って物を買う」という契約のことを特に「売買契約」と呼ぶ。そして、契約を結んだ以上は、代金を払わなければならないのが原則であるが、この原則が修正されて、代金を払わなくて済む場合もある。例えば、強引な勧誘によって買いたくもない教材を買わされたときには、いったん結んだ契約を解除して、代金の支払いを拒否できるのである。もちろん、怪しげな勧誘に対しては、契約をきっぱり断るのが大事だが、間違って契約を結んでしまったときにも、後から対処できることを覚えておこう。

case

　ある日、鈴木君が自宅でテレビを見ていると、玄関のチャイムが鳴った。ドアを開けると、ドアの前に英語能力開発教育研究機構（英能研）の佐藤と名乗るパンチパーマの男が立っていて、少し話を聞いてほしいという。ドアを閉めようと思ったら、ドアのすき間に佐藤が靴をねじ込んで、ドアが閉められない。仕方がないのでドアを開けると、佐藤は玄関の中に入ってきた。

　佐藤は、英会話の教材を販売する業者だと名乗って、パンフレットを出してきた。そこには、次のようなことが書かれていた。

図表1 ▶ 英能研のパンフレットの一部

3か月で英語がペラペラに！

　私たちが開発した教材、「スムーズ・スピーキング」を使うと、どんな人でも3か月経つと確実に英語力がアップします。しかも今なら特別限定価格で、1か月10万円のところが、3か月で10万円！

購入者の声：田口さん（大京市在住）
　いや驚きました。私は全く英語がしゃべれなかったのですが、スムーズ・スピーキングを使って1か月ほどで英語力に自信がつき、今では1人で海外旅行を楽しんでいます。

英語能力開発教育研究機構株式会社

　鈴木君は、あまりにうさん臭い宣伝だと思ったので、「今は興味がないので、また今度……」と言ったのだが、佐藤は「君、大学生でしょ？　今どきの大学生は海外に関心がない内向きな学生が多いっていうけど、君もそういうタイプ？　違うよね？　今申し込まないと損するよ」などと帰る気配も全くなく捲したてる。言っていること自体は親切なようで、鈴木君をにらみつけながら、時々壁を叩いたりする。鈴木君は怖くなって、佐藤の差し出す契約書にサインをしてハンコを押してしまった。代金は、月末までに口座に振り

込むことになった。

　その後、鈴木君のところに「スムーズ・スピーキング教材」という小包が届いた。小包の中には、「英語力アップの秘訣」という薄い冊子が入っていた。開いてみると、「映画は吹き替えじゃなくて字幕で見ること」とか「ラジオの英会話講座を毎日欠かさず聴くこと」とか書いてある。

　「何だこれは……」。鈴木君はあきれていると、電話がかかってきた。鈴木君が出ると、佐藤のどなり声がした。

　「10万円が振り込まれていないじゃないか。どうなってやがる！！」

　鈴木君は、どうしていいかわからない。

Q1 鈴木君は契約をしたから10万円を払わないといけないのだろうか？

Q2 鈴木君は近所の警察署に相談に行った。警察は鈴木君の味方になってくれるのだろうか？

Q3 こうした商法を未然に防ぐためには、どういう仕組みが存在するのだろうか？

1 ｜ 民法を使って考える

最初に、**Q1**について民法の考え方で解決策を探っていこう。

（1）契約の基本と消費者契約
　鈴木君は、怪しげな英会話教材の代金として、10万円を支払うよう

請求されている。法律的に見た場合、鈴木君が10万円を支払わなければいけないかどうかは、鈴木君が英会話教材の販売会社である英能研に対して、10万円を払う法律上の義務を負っているかどうかで決まる。逆に言うと、英能研が鈴木君に対して、10万円の支払いを求めるという法律上の権利を持っているかが問題となっているわけである。

この **case** では、鈴木君は、佐藤に強引に勧誘され、契約書にサインをしてハンコを押している。そこで、英能研は、同社と鈴木君の間に成立した契約に基づいて、鈴木君に代金を請求しているのだということが推測できる。

法律用語を用いてもう少し詳しく説明すると、ここで問題となっているのは、英会話教材の売買契約である。売買契約というのは、**プロローグ**でも説明したように（→4頁）、売主がある財産権の移転を約束し、買主がそれに対する代金の支払いを約束することで成立する（民法555条）。ここでは、売主である英能研は英会話教材を既に引き渡しているのに、買主である鈴木君の代金支払いの約束だけがこの時点で行われていない。そこで、英能研は鈴木君に対して、売買契約が締結された以上は、鈴木君はこの約束を果たす義務があると主張しているのである。

一般的に、契約が締結された場合には、契約当事者に契約を守る義務が発生する。契約の成立は、契約当事者双方が合意をすることであり、**Q1** で言えば、英能研が鈴木君に英会話教材を10万円で引き渡すことを約束し、鈴木君が英能研に英会話教材を受け取った代金として10万円を支払うことを約束したときに成立する。合意は、口頭で行われてもよいのだが、将来裁判で争う場合などに備えて、書面にしておくことが一般的である。これが契約書である。

Q1 では、佐藤が用意した、英会話教材を10万円で売買するという内容の契約書に、鈴木君がサインをしてハンコを押している。この行為によって、英能研が鈴木君に英会話教材を引き渡すという約束と、鈴木君がこれに対して10万円を払うという約束を、書面で交わしたことに

なるので、英会話教材を10万円で売買する契約が成立したことになるわけである。

（2）契約上の義務の根拠

　契約を結んだ以上は、守らなければいけないというのは、法律を学んでいなくても何となくわかるだろう。しかし、どのような契約でも、結んだ以上は守らなければならないのだろうか。この点を考えるためには、まず契約から発生する義務の根拠について考える必要がある。

　契約というのは、二人以上の「人」が、互いに約束を交わすことで、その権利や義務を作り出すための法的な仕組みである。英能研は会社であって「人」ではないだろうと思う人もいるかもしれないが、ここでの「人」というのは法律上の用語であって、権利を有したり義務を負ったりする存在という意味だと思ってほしい。会社などは「法人」と呼ばれ、それ自体が権利を有したり義務を負ったりすることが認められている。だから、会社は自己の財産を有したり取引をしたりできる「人」として扱われているということになる。

　さて、私たちの社会は個人の自由を尊重する社会であるから、人は、理由もなく義務を負わされることはない。では、契約を結んだ人は、どうして法律上の義務を負わされるのかということを考えてみる。その理由は、つきつめれば、自ら進んで義務を負うという約束をしたから、ということになる。全ての約束から法律上の義務が生じるわけではないが（デートの約束が破られても裁判所は助けてくれない）、契約はなぜ守らないといけないのかといえば、やはり、その根拠は約束にあるのだということができるだろう。

　この、契約を成立させる約束を民法では申込みと承諾の「意思表示」と言うが、ここではわかりやすく、約束と言い換えて説明を続ける。

（3）契約を守らなくてよい場合

　このように、契約は約束を交わすことで成立するものであり、鈴木君がした契約書のサインとハンコは、代金 10 万円を払うという約束が確かに鈴木君によって行われたことの裁判上の証拠となる。このため、鈴木君がこのまま 10 万円を支払わないでいると、英能研は鈴木君を被告として裁判所に訴えを起こし、10 万円の支払いを命じる判決を得る可能性がある（→5 頁）。そこで、鈴木君の側からどういう反論ができるかを考えてみる。

　契約から義務が発生するのは、契約をした当人自ら約束をしたからだとすると、不完全な約束からは、不完全な義務しか生じないとも考えられそうである。

　典型的なのが、相手方の詐欺や強迫によって、契約の締結の約束をしたという場合である。民法 96 条 1 項は、「詐欺又は強迫による意思表示は、取り消すことができる」と定めている。これは、相手から詐欺や強迫をされて取りつけられた約束は、取り消すことができるというルールである。約束が取り消されると、契約はさかのぼって、結ばれていなかったものと扱われる。つまり、鈴木君は英会話教材を買っていなかったことになり、英会話教材の返品と引き換えに、10 万円を支払う義務を免れることができる。

　いったん成立した契約を取り消すための制度は、他にも存在する。この **case** では、鈴木君は大学生のようだが、仮に 18 歳未満の未成年者の場合には、未成年者取消権という制度が存在する。未成年者が、法定代理人（親権者または未成年後見人）の同意を得ずに契約をした場合には、原則として契約を無条件で取り消すことができる。未成年者は、取引についての判断能力が不十分であることが多いため、大人の同意がないまま取引を行った場合には、無条件で契約を取り消すことができるものとされているのである。

（4）消費者保護の法律について

　ここまでは、一般の取引における契約の話だが、もう少し説明を続けよう。**Q1** の英能研と鈴木君との間の契約は、事業者と消費者の間の契約であり、このような契約は、消費者契約とか、消費者取引と呼ばれる。事業者と消費者の間で結ばれる契約というのは、どうしても事業者に有利な内容になりやすい。事業者は自分の取引に精通していて、消費者よりも多くの情報を持っており、交渉も上手だからである。このため、消費者契約については、一般の取引ルールを定める民法に加えて、消費者を保護するために特別のルールを置く法律が適用される。二つの重要な法律を挙げておこう。

　一つは、「消費者契約法」と呼ばれる法律である。この法律には、（3）で説明した詐欺や強迫による取消規定の適用範囲を、さらに広げるような規定がある。例えば、訪問してきた事業者に対して、消費者が、その住居から退去するよう伝えたにもかかわらず、そこから退去しないような場合について、消費者がそのことに困惑して契約をしてしまった場合には、取消が可能である。これによって、「強迫」とまでは言えないが、強引な勧誘がなされた場合にも消費者は保護される。

　もう一つは、「特定商取引法」と呼ばれる法律である。詳しくは3で紹介するが、この法律は様々な消費者取引について規制をかけている。このうち「訪問販売」と呼ばれる取引については、いわゆるクーリング・オフの権利が、契約書面を受け取った日から8日間認められる（特定商取引法9条1項）。つまり、この期間内であれば、鈴木君は無条件で契約を解消することができ、代金を支払う義務を免れることができるのである。

　このように、契約は守らなければならないという原則には、契約類型・取引類型に応じた例外も存在することに注意する必要がある。

2 | 刑法を使って考える

次に、**Q2** について刑法の考え方で解決策を探っていこう。

この **case** では、鈴木君が、佐藤の調子のよい言葉や威圧的な言動によって契約を結ばされたことと、脅しの言葉を交えて 10 万円の支払いを請求されていることの二つについて、詐欺罪や恐喝罪が成立するかが問題となる。そこで、詐欺罪や恐喝罪がどのような場合に成立するのかを見ていくことにしよう。

（1）詐欺罪になるか

刑法で問題となる詐欺罪（刑法 246 条）は、大まかに言うと、ある人が被害者に嘘をつき、その嘘に騙された被害者から、物や利益を受け取った場合に成立する。とはいえ、どのような嘘であっても詐欺罪が成立するというわけではない。契約などの取引の場では、客の購買意欲を高めるために、多少オーバーに商品のメリットや効能を説明するというのはよく見られる。こうしたことは、深夜の通販番組などを見たことがある読者の皆さんであれば、なるほどと思うであろう。また、客との関係を深めるため、ちょっとしたお世辞を言ったり、逆に、不安感を煽ったりすることもよく見られる。例えば、デパートの店員が、「こちらの服、サイズもシルエットもお客様に本当にお似合いですよ。スタイルがよいから似合うのですね」とお世辞を言うとか、健康食品の店で、「今のような食生活をしていると、将来は体がぼろぼろになりますよ。食生活の改善には当店の食品がおすすめです」と客の不安を煽るといった具合である。

これらのお世辞や説明は、厳密に言えば真実ではないのかもしれないが、こうしたセールストークが、全て詐欺罪で処罰されるかと言えばそ

うではない。その理由は、こうした取引の場では、ある程度の「潤色」（事実に誇張を加えること）はよくあることであり、客の側も、一定程度、セールストークであるとして話を「割り引いて」聞くのが通常だからである。詐欺罪における嘘（正確に言えば「欺く行為」）とは、真実とは異なる事実を告げる行為であれば何でもよいわけではなく、契約当事者にとって、契約を行うという判断をするに当たって重要な事項に関する嘘でなければならない。こうした重要な事項に関する嘘であるからこそ、それを聞いた人は契約の重要な点について誤った認識を持って、契約してしまうのである。

case では、「スムーズ・スピーキング」という教材が怪しげな物であることは疑いないが、何の努力もしないで、魔法のように効率的に英語を習得できるような教材であるとして、佐藤がこの教材を売りつけたというわけではない。このような場合には、契約をするに当たって重要な事項について嘘をついたと判断してよいかは、なお難しいものがある。

（2）恐喝罪になるか

鈴木君が契約を結んでしまった理由は、むしろ、佐藤の言動によって怖くなってしまったからであると言える。こうした場合には、恐喝罪（刑法249条）の成立が考えられる。恐喝罪とは、ある人が被害者を脅すなどして、怖がっている被害者から物や利益を受け取った場合に成立する犯罪である。強盗罪のように強い暴行・脅迫を加えなくとも成立する犯罪ではあるが、被害者が非常に恐怖を覚えるような暴行・脅迫を加えなければ、恐喝罪は成立しない。

この **case** での、佐藤の言動を具体的に見ると、鈴木君をにらみつけながら壁を時々叩くというものである。壁を叩くという行動は、それ自体は壁に対する暴行に過ぎず、鈴木君の身体に向けられたものではない。こういった場合には、他の言動とあわせて、被害者に対する脅迫と認められる場合でなければ、恐喝罪は成立しない。そして、佐藤は、単に鈴

木君をにらみつけているだけであって、それ以上、脅迫と言えるような言動、つまり、鈴木君の生命・身体・財産などに対して危害を加えるものと判断できるような言動をとっていない。こうした場合には、なお、被害者が非常に恐怖を覚えるような脅迫があったと認めることは難しいであろう。

　次に、鈴木君が10万円を支払わなかったために、佐藤がどなり声で電話をかけてきて、10万円の支払いを請求している点が、恐喝罪に当たるか問題となる（ただし、まだ鈴木君は10万円を支払っていないので、正確に言うと恐喝未遂罪が問題となる）。ここで重要なことは、鈴木君はまだ契約を取り消していないので、鈴木君には10万円の債務があり、佐藤には10万円の債権があるという点である。このように、正当な債権を有する者が、債権を取り立てる過程で暴行・脅迫といった手段を用いる場合に、果たして恐喝罪が成立するのであろうか。

　この問題については、最高裁判所による判断（これを「判例」と呼ぶ）があり、結論から言えば、たとえ債権を持っていても、債権を取り立てる手段が、「社会通念上一般に忍容すべきものと認められる程度」を逸脱した場合には、恐喝罪が成立し得るとされている。したがって、**case** では、佐藤のしたことが、暴行・脅迫といった不正な手段であって、社会生活を送る上で一般的に我慢しなければならない度合いを超えていると認められる場合には、恐喝未遂罪が成立することになる。

　佐藤は、「10万円が振り込まれていないじゃないか。どうなってやがる！！」と鈴木君に怒鳴ってはいるものの、それだけでは、鈴木君の生命・身体・財産などに対して危害を加えようとしていると判断できるような言動をとっているとは言いにくい。したがって、恐喝（未遂）罪もまた成立しないことになる。

3 | 行政法を使って考える

　最後に、**Q3** について行政法の考え方を用いて解決策を探っていこう。

（1）行政法による消費者保護

　1と2では、それぞれ民法と刑法による解決方法を学んだが、それ以外に行政法による解決方法もある。**プロローグ**で学んだように、一つのトラブルに対して、民法や刑法、行政法の三つの観点からルールが定められており、それぞれの仕組みは大きく異なるので、その違いに注意しつつ勉強を進めよう。

　さて、このような強引な訪問販売をめぐる争いについては、民法に基づき単に契約を取り消すだけでは、悪質な勧誘を繰り返す英能研に対する取締りとしては不十分であるように思える。また、刑法による処罰も、恐喝罪や詐欺罪が成立しない可能性が高いことから、有効な手立てにはならないことがある。

　そこで行政法の出番となるが、その仕組みのもとでは、行政（経済産業大臣や都道府県知事）が訪問販売会社を監督するという方法がとられているのが特徴である。

　確かに、契約や商取引は当事者の自由に任せるべきであり、行政による監督は必要ないという考え方もある。しかし、**case** のように、世の中は得てして弱肉強食であることから、鈴木君のように弱い立場にある消費者が理不尽な目にあうことも少なくない。そこで、消費者を特別に保護するために、行政法では特別の監督の仕組みが導入されているのである。

（2）特定商取引法の定めるルール

　具体的には、1でも挙げたように、このような訪問販売については特

定商取引法に基づくルールが定められている。すなわち、特に問題が起きやすい訪問販売・訪問購入や通信販売、電話勧誘販売、連鎖販売取引（いわゆる「マルチ商法」）といった販売手法を対象として、特別の義務を販売会社（「事業者」と呼ぶ）に課しているのである。

　義務の内容には様々なものがあるが、要するに、消費者が適切な情報を得た上で自由な意思で合理的に契約を結べるように事業者は行動しなければならない。

　また、事業者がこれらのルールに違反した場合には、行政（経済産業大臣や都道府県知事）が監督することで違反が是正される。以下では、**case** に即して説明しよう。

　まず、佐藤が鈴木君の家に押しかけて契約を持ちかけてきたことから、この営業が特定商取引法に言う「訪問販売」に当たることは間違いない。

　そして、英能研は訪問販売を行う事業者となるので、①事業者の氏名を明示すること（特定商取引法３条）、②再勧誘を行わないこと（同法３条の２第２項）、③契約内容等に関する書面を交付すること（同法４条・５条）、④正確な事実を告知すること（同法６条１項）、⑤脅しといった手段（威迫）をとらないこと（同条３項）、⑥販売目的を隠して勧誘を行わないこと（同条４項）、といった義務を守らなければならない。

　例えば、②の再勧誘を行わないことについては、鈴木君が「契約を結ぶ気はない」と英能研に伝えた後は、英能研はそれ以上勧誘を続けてはならない。執拗に何度も食い下がって勧誘することは法律で禁止されているのである。

　また、⑤の脅しといった手段をとらないことについても、民法で言う「強迫」や刑法で言う「脅迫」に当たるほど悪質なものでなくとも、脅したり怒鳴ったりして勧誘をすることも禁止されている。

　この **case** での佐藤の行為は強迫や脅迫に当たるとは言えないが、特定商取引法に言う「威迫」には当たる可能性が高い。そのため、鈴木君

としては、この特定商取引法違反を主張して行政に対策を求めることができる。

> 日常的には、脅迫や強迫、威迫といった言葉はほぼ同じ意味で用いられているが、法学の世界では、それぞれの意味が異なっていることに注意しよう。ざっくりと整理すれば、より悪質な順から、「（刑法の）脅迫」＞「（民法の）強迫」＞「（特定商取引法の）威迫」となる。そのため、佐藤の行為が刑法や民法に違反しないとされる場合でも、行政法（特定商取引法）には違反するとされる可能性がある。初学者には不思議に思えるかもしれないが、法律ごとに適法⇔違法の境が異なっていることも多いのである。

（3）行政による監督手段

　では、鈴木君からの相談を受けた行政はどのような対策をとることができるのだろうか。

　行政としては、まず、実際に英能研が法律に違反しているかを調査できる。鈴木君が相談した内容が本当に正しいのかどうか、英能研の事務所に立ち入って書類を調べたり、従業員に質問したりする権限が、行政には認められているのである（特定商取引法 66 条）。

　そして、調査の結果、英能研が実際に法律に違反したことが明らかとなれば、強引な勧誘などをやめるよう命じることができる。これを「指示処分」と呼ぶ（特定商取引法 7 条 1 項）。また、それでも違反を続けるのであれば、より強力な手段として、勧誘や販売の停止を命じることもできる。これを「業務停止処分」と呼ぶ（同法 8 条 1 項）。この場合、勧誘や販売活動ができなくなるので、英能研の受けるダメージは極めて大きくなる。

　さらに、1 で説明したように、民法の特例として、クーリング・オフと呼ばれる特別の契約解除の仕組みが導入されている。民法の原則では、

契約の解除は一定の条件が揃わないと認められないが、訪問販売については、契約書面を受け取ってから8日以内であれば、無条件で契約を解除できるとされている。ここで言う「クーリング」とは「（頭を）冷やすこと」に由来しており、いったん落ち着いて考え直して、契約を本当に続けるのか、それとも解除するのか、再び選ぶ機会を鈴木君に与えているのである。

　なお、英能研が業務停止処分を無視してさらに違法な勧誘を続けるとどうなるのだろうか。通常、事業者は行政の命令に従順に従うものであるが、行政による監督を気にもかけない事業者もいるので、さらに厳しいペナルティを用意する必要が出てくる。

　そこで、業務停止処分を無視するような悪質な事業者に対しては、「3年以下の懲役又は300万円以下の罰金」（場合によってはその両方）という刑罰を科すことにしている（特定商取引法70条3号）。2で学んだ詐欺罪や恐喝罪と同様に、業務停止処分違反も犯罪として処罰されるのである。このような行政法に基づき定められる刑罰のことを「行政刑罰」と呼んでいる。

（4）消費者行政の実態

　以上のように、行政法では、特定商取引法による監督の仕組みが導入されていて、英能研のような悪質な訪問販売会社を事前に取り締まっている。また、その取締りの実態については、行政（消費者庁）のサイトで公表されているので、どのような事業者がどのような違反をしているかを消費者が知ることができる。このサイトを調べることで、悪質な商法から身を守ることができるのでおすすめである。

　では、実際にどれだけの取締りが実施されているのだろうか。同じく消費者庁のサイトでは、特定商取引法の執行状況（行政処分の数）の統計データが載っている。これによれば、国と都道府県合わせて、2022年の1年間で94件の処分が行われている（訪問販売以外の類型も含む）。

少ないように思えるかもしれないが、消費者行政を担当する公務員の数が足りないために、悪質な事業者の全てを取り締まるのは難しいのが実情である。また、いくら取締りを強化したとしても、このような事業者は次から次へと出てくるので、きりがないということもある。

　それでも、行政による監督の仕組みが悪質な訪問販売の歯止めとなっているのは間違いない。読者の皆さんも、もし困った事態になったら、国民生活センターや地方自治体の消費生活センターの相談窓口を利用しよう。

第 **2** 章　お金を借りる

　「お金を借りて期日までに返す」という契約のことを特に「金銭消費貸借契約」と呼ぶが、その際、通常は「利息」を払うことも約束する。例えば、10万円を年利3％（1年間で3％の利息を払うこと）で借りると、1年後には10万3000円を返さなければならないことになる。では、この利息が異常に高額な場合（これを「暴利」と呼ぶ）のときにも、原則通り利息も払わないといけないのだろうか？　結論から言うと、ここでも原則が修正されて、利息を払わなくてもよい場合がある。金銭の貸し借りについても、様々なルールがあることを理解しよう。

case

　田中君は現在大学生であるが、実家から離れて暮らしており、学費もアルバイトと奨学金で支払っている苦学生である。今学期、田中君は学費納入期限になってもお金を払うことができず、退学になりそうになり、やむを得ず蛸島先輩からお金を借りることにした。

　蛸島先輩は、大学の中では知る人ぞ知る投資マニアで、株式とか外国為替取引（FX）とか先物取引とか、いわゆる投資によって、学費や小遣いを稼いでいるという強者である。あくまでも噂であるが、蛸島先輩の銀行口座残高は一時、1億円を超えていたとか、それを資金に裏でお金を貸しているとか、顧客の中には暴力団関係者がいて蛸島先輩には頭が上がらないとか、いろいろ言われている。

　田中君が蛸島先輩に借金の申込みに行くと、蛸島先輩は、田中君に借用書にサインとハンコを押させて、100万円を貸してくれた。その借用書には、返済は1年後に元本と利息をあわせて行うこと、利息は10日で1割の単利とすることが記載されていた。田中君は学費を納入期限までに支払うことができ、退学にならずに済んだ。田中君は蛸島先輩に借金を返済しようとしたが、生活も苦しく、結局1年が過ぎてしまった。

　1年後、田中君は蛸島先輩から借金の返済を迫られた。蛸島先輩が見せてくれた計算書によると、元本が100万円、利息が365万円で、返済額は465万円となる。田中君は、いくら何でも高すぎると蛸島先輩に抗議したが、蛸島先輩は、田中君が借用書にサインをした以上、契約が成立している、払わないなら裁判所に訴えるという。田中君は心配になってあなたのところに相談に来た。

Q1 蛸島先輩との間に契約が成立するとは、そもそもどういうことか？

Q2 田中君は蛸島先輩に元本と利息を支払わなければならないか？

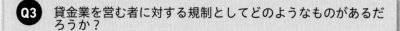

Q3 貸金業を営む者に対する規制としてどのようなものがあるだろうか？

1 │ 民法を使って考える

　最初に、**Q1** と **Q2** について民法の考え方で解決策を探っていこう。

（1）金銭消費貸借契約

　田中君は蛸島先輩から 100 万円を借りている。金銭を借りるという行為は、法律的に言うと、金銭の貸主が借主に対して、一定の額の金銭を渡し、借主が貸主に、同額の金銭を将来返済するという内容の契約を結ぶ行為である。このような内容の契約を、「金銭消費貸借契約」と言う。田中君と蛸島先輩の間には、100 万円の金銭消費貸借契約が成立したことになる。

　金銭消費貸借契約を結ぶ際には、多くの場合、貸主は金銭を貸すことの報酬を借主から受け取る。つまり、契約の中で、借主は貸主に、借りた金額（元本額）を返済するだけではなくて、元本額の一定割合を、報酬として支払うという約束を同時にする。これが利息（利子）と呼ばれるものの正体である。

　つまり、田中君は蛸島先輩との間で、「1 年後に 100 万円を返済する」という約束と、「10 日で 1 割の利息を支払う」という約束を含んだ契約をしたわけである。

（2）契約による権利と義務

　利息の話は後回しにして、ここでは元本の返済義務の話から始めよう。

第1章でも説明した通り、契約というのは、二人以上の人の間で交わされる約束であり、そこからは契約を結んだ人同士の間に法律上の権利と義務が発生することになる（→27頁）。金銭消費貸借契約の場合、借主は貸主に元本と利息を支払う義務を負い、貸主は借主に、元本と利息を請求する権利を持つ（これに対して、貸主は借主に対して、金銭を貸す義務を負うはずであるが、通常の金銭消費貸借契約は契約を結ぶ際に同時に金銭を渡すので、それ以上の義務を負わないことになる）。

　このように、ある人が他の人に対して何かの行為を請求する権利と、それに対応する義務のことを、それぞれ「債権」と「債務」と呼んでいる。また、金銭を貸している人のことを債権者、金銭を借りている人のことを債務者と呼ぶ。これは、金銭を貸している人は、借りている人に、「金銭を返す（＋利息を支払う）」という行為を請求できるからである。

　田中君と蛸島先輩の間に金銭消費貸借契約が成立したことで、田中君は蛸島先輩に、元本100万円を返済する債務を負うことになり、反対に蛸島先輩は田中君に、元本100万円の支払いを求める債権を持つことになる。

（3）債務不履行があった場合

　では、田中君が蛸島先輩に対して、100万円の支払いを期限までに行わなかった場合、何が起きるだろうか。債務者が、契約によって負った債務を適切に行わない場合を「債務不履行」と呼ぶ。ここで問題となっているのは、債務者が債務不履行を引き起こした場合の、債務者の責任（債務不履行責任）である（→4頁）。

　債務不履行が生じた場合の債務者の責任というのは、簡単に言うと、裁判所（国家）によって債務の内容が強制的に実現されることである。例えば、民法414条1項は、「債務者が任意に債務の履行をしないときは、債権者は、……履行の強制を裁判所に請求することができる」と規定している。強制履行が認められると、例えば債務者の財産が裁判所に

より競売にかけられて現金に換えられ、債権者に支払われるといったことが行われる。債務が履行されたのと同じ状態を強制的に作り出すわけである。

したがって、田中君が蛸島先輩に借りた100万円を自発的に返さない場合、蛸島先輩は田中君を被告として裁判所に訴えを起こし、100万円の返済を命じる判決を得ることができる。また、それでも田中君が返済をしない場合、裁判所は蛸島先輩の申立てにより、田中君の財産を強制的に競売にかけてしまう可能性もある。

（4）契約の有効な成立

このように、契約を結ぶということは、言ってみれば、裁判所という国家機関を使って市民同士の約束を守らせるということである。ただ、このような仕組みを使うためには、一定の条件を満たす必要がある。

第一に、裁判所は、契約が結ばれたという事実を確認できなければ、契約から生じた債務を守らせたりはしない。例えば、蛸島先輩が田中君を訴えたけれども、田中君が金銭を借りたという事実が確認できない場合には、裁判所は田中君に貸金の返済を命じることはない。**case** で蛸島先輩が田中君に借用書を書かせたのは、田中君が100万円を確かに借りたという事実を後から裁判所に認めてもらうためである。**第1章**でも述べたように、日本の契約では、契約書などの書面を用意することは契約成立の必須の条件ではないのだが、それにもかかわらず重要な契約では必ず契約書を用意し、署名捺印を行うのが一般常識となっているのは、万が一裁判になった場合の証拠を残すためなのである（→26頁）。

第二に、契約が表面上成立していても、契約を結ぶ約束が、相手方の不当な手段により結ばれているようなときには、その契約は取り消すことができる可能性がある。このことも**第1章**で説明したので、確認してほしい（→28頁）。

第三に、これが **case** では重要だが、契約が成立しても、その内容が

違法なために裁判所がその効力を否定する場合がある。例えば、違法賭博の掛け金を払うという約束、覚醒剤など禁止薬物の代金を払うという約束は、たとえそれが契約として結ばれても、裁判所がその実現に手を貸すことはない。このルールを、民法90条では、「公の秩序又は善良の風俗に反する法律行為は、無効とする」と定めている。ここでいう「法律行為」というのは、とりあえず契約のことだと思ってくれればよい。

（5）利息支払いの約束部分は有効か

　さて、田中君と蛸島先輩の契約の話に戻ろう。（1）で述べたように、田中君と蛸島先輩の金銭消費貸借契約には、「1年後に借りた100万円を返済する」という約束と、「10日に1割の利息を支払う」という二つの約束が含まれていた。このうち、前者の「1年後に借りた100万円を返済する」という約束は、内容的にも何も問題はない。借りた金銭を返すのは当たり前のことであるし、そのような義務を引き受けることを田中君も十分理解して約束をしている。問題は、後者の「10日に1割の利息を支払う」という約束の部分である。

　民法には、金銭消費貸借の際に利息をとること自体を禁止する法律はなく、当事者間で定めた割合の利息を貸主が借主から受け取ることは原則として許されている。売買契約で、売主と買主が合意すれば物の代金を自由に定められるのと同じように、契約の内容は当事者が自由に決めてよいのが原則である。

　しかし、10日に1割の利息というのは、年利365％ということであるから、この金銭消費貸借契約は極めて高い利息の支払いを義務付けていることになる。このような高利の金銭消費貸借契約は、多くは借主が困窮してやむを得ず締結するもので、自発的な約束と言えるかが怪しい部分があるだけではなく、借主に多大な債務を負わせる結果、本人あるいはその家族の人生を危機的な状況にさらす可能性が高い。日本でも、

そうした高利貸への返済ができない家庭で、幼い子どもの身売りや強制労働が問題となってきた歴史があり、比較的近年になっても、「サラ金地獄」や「商工ローン問題」といった名称で、借金苦で自殺者が出るなどの社会問題が取り上げられてきた。このように、相手の弱味につけこんで結ばれる高利の金銭消費貸借については、（4）で述べた「公の秩序に反する」契約といえる可能性が高い。

（6）利息制限法

　現在の日本には、「利息制限法」という特別の法律が作られ、金銭消費貸借の利息の上限が定められている。元本額が 100 万円以上の場合、その上限利息は 15％で、その額を超える部分については、契約は無効となる（利息制限法 1 条 3 号）。したがって、利息制限法によれば、蛸島先輩が田中君に請求できる利息は 15 万円までで、元本とあわせて115 万円までしか返済を求めることはできない。このため「公の秩序」を持ち出すまでもなく、115 万円を超えて返済を求める部分は契約は無効となり、蛸島先輩は請求ができないということになる。

2 | 行政法と刑法を使って考える

　次に、**Q3** について行政法と刑法の考え方で解決策を探っていこう。

（1）貸金業法に基づく規制

　1 で見たように、金銭の貸し借り（金銭消費貸借契約）については、民法に基づき解決されるのが基本である。しかし、**プロローグ**や**第 1 章**で学んだように行政法による解決策も存在する。

　case のように、金銭の貸し借りは、ときとして深刻な問題を引き起こすので、民法だけでは十分な解決にならないことがある。民法の仕組

みでは、契約が無効となることによって田中君が救われる可能性が高いとは言え、蛸島先輩が悪質な金貸しを続けることを阻止できないので、被害者が増え続けてしまうからである。

　そこで、悪質な金融業者に早めに対処できるように、行政法では、「貸金業法」という特別の法律が定められていて、大まかに言うと次のような解決策がとられている。

　まず、①継続的・反復的に金銭の貸出を行っている個人や会社を「貸金業」と呼ぶ（貸金業法2条1項）。このように貸出を「業として」行う者については、法律による規制が及ぶ。例えば、②貸金業を行う際には、事前に行政（都道府県知事など）に「登録」を申請する必要がある（同法4条1項）。③登録が申請されると、行政は、申請者が適切に貸金業を行うことができるか否かを審査する（同法5条・6条）。④そして、審査の結果、行政が登録を認めると、貸金業を営むことができるようになる。

　貸金業法の内容は極めて複雑かつ難解であるので、ここではそのごく一部をわかりやすく紹介している。近年では、いわゆる「多重債務者問題」を解決するために、貸金業法の規制はかなり強力なものとなり、貸金業者が安易に高利で金銭を貸すことはできなくなった。このように、行政法の仕組みも日々変わっていることを覚えておこう。

（2）「闇金」に対する取締り

　蛸島先輩のように、継続的に不特定多数の者に金銭を貸すことは貸金業に当たるので、本来であれば、このような登録の手続をする必要がある。しかし、登録をせずに貸金業を営む「闇金（闇金融）」と呼ばれる人たちも少なくない。蛸島先輩もこのような闇金の一人に当たると言えるだろう。

　貸金業法は、**第1章**でも取り上げた通り、このような無登録の事業者

には行政刑罰を科すこととしている（→ 36 頁）。つまり、無登録営業を禁止した上で（貸金業法 11 条 1 項）、違反者に対しては、「10 年以下の懲役若しくは 3000 万円以下の罰金」（場合によってはその両方）を科すことと定められている（同法 47 条）。「10 年以下の懲役」とはかなり重い刑罰であるので、法律が「闇金」に対して厳しい姿勢で臨んでいることがわかるだろう。

また、登録を受けて貸金業を始めた後にも、行政による監督が継続的に行われるので、貸金業者は法律の定めるルールを守らなければならない。もし違反した場合には、業務停止命令や登録の取消といった監督処分を受けることもある（貸金業法 24 条の 6 の 4、24 条の 6 の 5）。そして、業務停止命令などに従わなかった場合にも、刑罰が科されることになる（同法 47 条の 2 など）。

もちろん、**case** のように、高利で貸出を行うことは貸金業法でも規制されている。すなわち、貸金業者は、利息制限法に規定する上限利息（元本額が 100 万円以上の場合に 15％）を超えて利息を得てはならないのである（貸金業法 12 条の 8 第 1 項）。

民法と行政法・刑法との大きな違いの一つは、この上限利息の制限に違反した場合の対処法である。1 で見たように、民法では、利息制限法違反の契約は無効となり、債務者は利息を支払う必要がなくなるのに対して、行政法では、違反をした貸金業者に対して行政が業務停止命令等の監督を行うことで、違法な貸出が繰り返されないようにする。さらに、刑法では、懲役刑や罰金刑などの行政刑罰を科すことで、直接に事業者の行為をコントロールしている。このように、異なるアプローチがとられていることを理解しよう。

これまで見てきたように、蛸島先輩が仮に登録を受けていたとしても、田中君との金銭消費貸借契約は上限利息に違反するので、行政から監督処分を受ける可能性がある。蛸島先輩がさらに貸金業を続けると、場合によっては刑罰を科されることになるので、このような行為を繰り返す

ことはなくなるだろう。貸金業法による規制は、悪質な貸金業者を早期に排除することに役立っているのである。

　なお、高金利に対する規制に関しては、利息制限法や貸金業法 の他に、出資法による規制も重要である。出資法では、業として営んでいるか否かを問わず、高金利による貸出に刑罰を科しているのが特徴である（出資法5条）。例えば、貸金業を営む者が年 109.5% を超える利息を要求した場合には、「10 年以下の懲役若しくは 3000 万円以下の罰金」（場合によってはその両方）という極めて重い刑罰が定められている（同条 3 項）。また、年 20% を超える利息については、「5 年以下の懲役若しくは 1000 万円以下の罰金」（場合によってはその両方）と、少し軽い刑罰が用意されている（同条 2 項）。

　貸金業法と出資法の関係を理解するのは少し難しいが、貸金業法の場合は、高金利を要求した事業者に対してまずは行政処分を命令し、それに違反した場合に刑罰を科すという二段階の仕組みがとられている。これに対して、出資法の場合には、違反者に対して直ちに刑罰を科している。

　また、高金利に対する規制はここ十数年で徐々に厳しくなっている。昔は、出資法の定める上限金利（刑罰で処罰されない上限金利）は 29.2% とかなり高かった。上述のように、これが今では 20% にまで引き下げられている（出資法5条2項）。高利貸しに対する規制が強化されたことについて、みなさんはどう思うだろうか？

第**3**章 交通事故にあう

　誰でも交通事故の被害者になったり、加害者になったりする可能性があることから、交通事故をめぐる法律についてこの機会に学んでおこう。まず、民法では、自動車事故で他人に損害を与えることは「不法行為」に当たるとされ、加害者は被害者に対して賠償金を払う義務を負う。次に、刑法の領域では、交通事故で他人にケガさせると「過失運転致傷罪」として処罰されることになる。このように、民法と刑法の二つの観点から責任を問われることになる。

case

　山田君は、夜遅くになって、アルバイト先から自宅に向かってライトをつけずに自転車に乗って、街灯がない道を進行していたところ、スマートフォンを見ながら歩いていた朝倉さんにぶつかり、朝倉さんを転倒させて全治2週間のケガを負わせてしまった。慌てた山田君はその場から急いで自転車で立ち去ろうと全力疾走を始めたが、操作していたスマートフォンに気をとられて、前をきちんと見ていなかった南さんが運転する自動車が正面からやって来て、山田君の自転車に接触し、山田君は路上に転倒した。山田君はすぐに病院に搬送されて治療を受けたため、命に別条はなかったが、全治1か月の重傷を負った。

Q1 南さんと山田君はどのような処罰を受ける可能性があるだろうか？　また、「歩きスマホ」をしていた朝倉さんにも責任があるだろうか？

Q2 南さんと山田君はそれぞれ誰に賠償金を払わなければならないだろうか？

Q3 このような交通事故を未然に防ぐ仕組みとしてどのようなものがあるだろうか？

1 ｜ 刑法を使って考える

最初に、**Q1** について刑法の考え方で解決策を探っていこう。

（1）南さんに刑事責任はあるのか

　自動車のドライバーが自動車運転によって人を死なせたり、ケガをさせたりした場合には、刑法の関連法律である「自動車運転死傷行為処罰法」が適用される。**case** の南さんは、運転中に山田君にケガをさせてしまったので、過失運転致傷罪（同法5条）になるかが問題となる。

　過失運転致傷罪は、「自動車の運転上必要な注意」を怠った場合、つまり、自動車を運転する上での「過失」がある場合に成立する。南さんには、自動車を運転する上での過失があったのであろうか。

　過失を日常の言葉に言い換えると、「ついうっかり」、「不注意」といった言葉が思いつく。私たちは日常生活の中で「ついうっかり」と何かをすることがある。例えば、「ついうっかり」人ごみの中で他人にぶつかってしまう、「ついうっかり」洗っているグラスを割ってしまう、などである。そして、「ついうっかり」と言う場合には、わざとではない、つまり悪気がないという意味で使うことが多いのではないだろうか。

　刑法もまた、こうした「わざと」（故意で）行った場合を処罰することを原則とし、例外的に、「ついうっかり」（過失で）行った場合にも処罰している（刑法38条1項）。先ほどの例で言えば、ついうっかり他の人のグラスを割っても、故意がないので器物損壊罪には当たらない（ただし、民法の損害賠償責任の問題にはなる）。

　「ついうっかり」何か問題を起こした場合は、「わざと」やった場合よりは悪くないし、そこまで責める必要もない、と考える人が多いであろう。その反面、慎重に慎重を重ねて行動した場合、つまり過失が全くない（無過失）場合と比べると、「ついうっかり」の場合の方が悪いと考える人が多いのではないだろうか。このように、「ついうっかり」の場合であっても処罰すべきだと感じられる理由は、慎重に慎重を重ねて行動した場合には、自分の行動から人が死んだりケガをしたりするということが全く予想もできないのに対して、「ついうっかり」の場合には、人が死んだりケガをしたりすることが予想できるからである。

case でも、南さんはわざと山田君をひき殺そうなどとは考えていないが、前をきちんと見ないで運転している。こうした場合には、例えば、子どもなどが路上に飛び出してきたり、自転車が歩道から路上に突っ込んできたりといった、運転中によくある場面で適切に対応できず、事故を起こしてしまうことを予想できたのではないだろうか。

先ほど、刑法では、故意の犯罪を処罰することを原則としていると説明したが、どのような場合に、過失の犯罪を処罰しているのであろうか。刑法では、基本的に、人の生命や身体といった重要な利益を守るために、過失の犯罪も処罰し、刑の重さも、一般的に過失の方が軽くなっている。例えば、故意で人を殺すと、殺人罪として、死刑、無期懲役または5年以上の有期懲役となる（刑法199条）のに対して、過失で人を死なせると、過失致死罪（刑法210条）として50万円以下の罰金が科されるだけである。このように、故意と過失とでは扱いが大きく異なるのである。

そして、故意であれば、「わざと」というのが比較的明確に判断しやすいのに対して、過失で問題となる「ついうっかり」というのは、とても不明確なものである。例えば、殺人罪では、積極的に人を殺そうと思っている場合（確定的故意）や、人が死んでも構わないと思っている場合（未必の故意）には、殺人の故意がある。これに対して、過失致死罪では、一体どのような場合が、「ついうっかり」人を死なせた場合に当たるのであろうか。特に、自動車は、「走る凶器」とも言われているように、もともと非常に危険なものである。きちんと運転していると思っていても、ちょっとしたことが事故と結びつき、人の生死に関わるのである。こういった場面では、何をすれば（しなければ）過失となり、また、どのような態度をとっていれば無過失となるのかは、とても判断が難しい。case では、南さんは一体どうしていればよかったのであろうか。

このような判断をするために重要となるのが、「道路交通法」である。

詳しいことは3で説明するが、この法律では、自動車のドライバーを始めとして、道路交通に関わる人が守らなければならないルールが詳細に規定されている。読者の皆さんの中にも、自動車や自動二輪車などの運転免許をとるために、自動車教習所に通ってこうしたルールを学んだ人もいるであろう。道路交通法が定めるこうしたルールは、基本的に、道路交通に潜む様々なリスク（例えば、信号無視やスピード違反、脇見運転といった危険な運転）を減らすために規定されている。

　case に戻って、南さんがどのように自動車を運転していたかを見直してみよう。南さんは、自動車の運転中にスマートフォンに気をとられていて、前方をきちんと見ていなかった。このように、自動車の運転中に、スマートフォンなどの画面を注視することは、道路交通法によって禁止されている（同法71条5号の5）。また、自動車の運転中にきちんと前方を見ておらず、適切な運転を行っていないことは、道路交通法上の安全運転義務（同法70条）に反している。つまり、南さんは、交通事故を回避するための基本的な注意義務である前方注視義務・安全確認義務を果たしていないのである。そして、こうした義務さえきちんと守っていれば、つまり、南さんがスマートフォンに気をとられずにしっかりと前を見て運転していれば、たとえ山田君の自転車のライトがついていなかったとしても、山田君がいることに予め気づくことができたであろう。また、南さんがしっかりと前を見て運転していれば、山田君の自転車との接触を避けることもできたであろう。したがって、南さんは自動車運転上の過失によって事故を引き起こし、山田君をケガさせたと言えるため、南さんには過失運転致傷罪が成立することになる。

（2）山田君に刑事責任はあるのか

　自動車を運転していた南さんとは異なり、山田君は自転車の運転中に、朝倉さんにぶつかってケガをさせている。このように、自転車の運転者が人を死なせたりケガをさせたりした場合には、一体どのような犯罪が

成立するのであろうか。自動車運転死傷行為処罰法は、その名前の通り、あくまでも自動車（正確には、「自動車」及び「原動機付自転車」）を対象とするので、山田君のように、原動機のついていない自転車を運転している人には適用されない。その代わり、山田君には、刑法の業務上過失致傷罪が成立する可能性がある。

　業務上過失致死傷罪（刑法211条前段）は、「業務上必要な注意」を怠って（業務上過失）人を死なせたりケガをさせたりした場合に成立する。そこで問題となるのが、何が「業務」に当たるかである。最高裁判所の判例は、業務とは、社会生活上の地位に基づき、反復継続して行う事務であって、人の生命・身体に危険なものである、としている。

　自転車の運転は、自動車の運転とは異なり、運転免許などの一定の資格はいらないが、社会生活上の地位に基づく事務であると考えられている。また、自転車の運転は、普通は一回限りで終わるものではなく、通勤・通学やレジャーなどのため、反復継続的に行われるものである。

　しかし、自転車の運転は、あくまでも人力であって、そこまでスピードを出して走ることができないため、自動車やオートバイとは違い、そこまで人の生命・身体に危険なものとは言い切れない。したがって、業務上過失致死傷罪の「業務」には当たらないことになる。実際の裁判例を見ても、業務上過失致死傷罪では処罰されていない傾向にある。

　それでは、山田君には、一体どのような犯罪が成立するのだろうか。実は、業務上過失致死傷罪と同じ条文に、もう一つ別の犯罪が定められている。それは、「重大な過失」によって人を死なせたりケガをさせたりした場合に成立する、重過失致死傷罪である（刑法211条後段）。業務上過失致死傷罪の「業務」とは言えない場合であっても、個別のケースで、通常の単純な過失ではなく重大な過失がある場合に、この犯罪が成立する。ちなみに、重過失致死傷罪には、業務上過失致死傷罪と全く同じ刑が定められている。

　重過失は、注意義務に反する程度が著しい点、または、人を死なせた

りケガをさせたりするのを予想することが非常に簡単であった点で、通常の過失とは区別される。つまり、山田君の自転車を運転する方法が注意義務に著しく反していたか、山田君にとっては人をケガさせることを予想することが非常に簡単であったと言える場合、山田君には重過失致傷罪が成立する。

case に戻って、山田君がどのように自転車を運転していたのかを見直してみよう。山田君は、夜遅くに、ライトをつけないで、街灯のない道を自転車に乗って進行していた。自転車は、日没後に道路にあるときはライトをつける義務があり（道路交通法 52 条 1 項）、山田君はこの義務に反している。そして、夜遅くになると、周囲の家々も明かりを消すため、特に街灯のない道では、他の自動車のドライバーや自転車の運転者、歩行者などにとっては、自転車が極めて見えにくくなる。こうした状況で、あえて自転車を走行させている山田君は、自転車を安全に運転する義務に著しく反していると考えられる。したがって、山田君は、重大な過失によって朝倉さんを負傷させたとして、重過失致傷罪が成立することになろう。

（3）朝倉さんに責任はあるのか

もし山田君が、「朝倉さんも歩きスマホをしていたのだから不注意だった。何で自分だけ責任を負わなければならないのか」と主張したらどうだろうか。こうした主張は、民法上の損害賠償責任の場面であれば、「過失相殺」を考える上で意味を持つ（詳しくは、2 （2）を参照）。これに対して、刑法上の責任の場面では、加害者の過失と被害者の不注意とがあわさって事故が起き、その結果、被害者が亡くなったりケガをしたりしても、通常は加害者の責任が否定されることはない。

これに対して、被害者の不注意の程度が極めて大きく、加害者の過失責任を問うことができないと考えられる場合もある。こうした場合を「信頼の原則」と言う。信頼の原則とは、人が何か行為をするとき、相

手方（被害者や第三者）が適切な行動をすることを信頼するのが相当と言える場合には、たとえその相手方の不適切な行動によって事故などが起きても、加害者はそれに対して責任を負わないとする考え方であり、特に道路交通の場面でよく問題となる。

　例えば、歩行者が赤信号を無視していきなり車道に飛び出したため、自動車のドライバーが歩行者をはねてしまったような場合にはどうなるだろうか。この場合、歩行者がきちんと赤信号を守って車道に飛び出してこないだろうとドライバーが信頼することが相当と言えるならば、ドライバーの過失責任は否定される。歩行者が成人であれば、普通は赤信号を守って車道には飛び出さないだろう。それに対して、歩行者が幼児であって、そばに誰もいないような場合には、赤信号を守ることを信頼することはできないので、ドライバーは過失責任を問われる可能性がある。

　しかし、朝倉さんの行動には、このような信頼の原則が当てはまるような点はない。確かに、朝倉さんは街灯のない夜道を、スマートフォンを見ながら歩いており、周囲に対する安全確認などをきちんと行ってはいなかった。しかし、山田君は、街灯のない暗い夜道をライトもつけずに自転車を運転している以上、歩行者が自分の自転車に気づかない危険性が高いことを当然予測することができたと言える。要するに、山田君は、朝倉さんが事故を回避するような適切な行動をとることを信頼できるような状況にあったとは言えない。したがって、山田君の過失責任が否定される余地はないであろう。

　ただ、山田君の過失責任は否定できないとしても、山田君に対して実際に下される刑（宣告刑）を決めるプロセス（これを「量刑」と呼ぶ）では、被害者である朝倉さんの不注意が影響を与えるかもしれない。つまり、具体的な刑の重さを決める際に、被害者の「落ち度」を被告人に有利な事情として考慮し、こうした事情がない場合と比べて、実際に下される刑が軽くなる可能性がある。これは、刑事裁判において、普通に

行われていることである。

　しかし、被害者のどのような「落ち度」がどの程度被告人に有利に働くかはケースバイケースであって、一律の判断基準があるわけではない。そもそも、どのようなことを被害者の「落ち度」とするかについても幅があるため、こうした判断は、事実関係を詳細に見ながら考えるしかない。**case** での事実関係には不明確な点が多く、具体的に山田君に下される刑を判断するためには不足している情報が多い。したがって、朝倉さんの「落ち度」が山田君の量刑を判断する上で有利に働くのか、また、どの程度考慮されるのかは、**case** の事実関係のみではきちんと判断することは難しい。

┌ 2 │ 民法を使って考える ┐

　次に、**Q2** について民法の考え方で解決策を探っていこう。

（1）不法行為と損害賠償（民事責任）
①南さんと山田君の損害賠償責任の根拠
　南さんは、自動車を運転して山田君に全治１か月のケガを負わせ、山田君は、自転車を運転して朝倉さんに全治２週間のケガを負わせている。山田君はもちろん、朝倉さんも病院で治療を受けただろう。山田君は重傷なので入院したかもしれない。そうすると、朝倉さんや山田君が病院に支払った治療費や入院費について、最終的に誰が負担するのかという問題が生じる。よく、他人に損害を与えたときに、損害の「弁償をする」と言うが、この「弁償をする」という法律関係が、ここでの問題である。

　他人（加害者）の行為によって損害を受けた人（被害者）がいる場合に、加害者から被害者に損害相当額の金銭を支払うことを「損害賠償」

と呼んでいる。これは、市民と市民の間の法律関係なので、民事裁判で争われる。どのような場合に、加害者が被害者に対して損害賠償を支払わなければならないかは、二つにわけられる。

一つ目は、ある人が他の人に対してあらかじめ負っていた義務（債務）に反する場合で、**第2章**でも扱った債務不履行の場合である（→ 42頁）。例えば、ある物を売買すると、売主は買主に、物を引き渡す債務を負う。約束の期日までに売主が買主に物を引き渡さない場合、それは債務不履行となる。このとき、その「物」が売主の手元にあれば、買主は裁判所の力を借りて売主から物を強制的に取り上げることができる（**第2章**で習った「強制履行」）。しかし、売主がその物を他所に売却してしまい、手元にない場合もある。そうした場合には、買主は物を受け取れなかったことによる「損害」について、賠償を受け取ることができる。

もう一つの場合が、「不法行為」である。民法709条によると、「故意又は過失によって他人の権利又は法律上保護される利益を侵害した者は、これによって生じた損害を賠償する責任を負う」ことになっている。つまり、他人の権利や利益を侵害した場合、そのことによって生じた損害を賠償しなければいけない場合があるということを定めている。

case のような交通事故の場合、問題となるのは不法行為であり、南さんが山田君に対して、そして山田君が朝倉さんに対して、治療費や入院費相当額を損害賠償として支払わないといけないかは、この民法709条をもとに判断される。

②故意・過失という不法行為が認められるための条件

民法709条によって、損害賠償責任が認められるための条件として重要なのが「故意又は過失によって」という部分である。言い換えると、「わざと、または、うっかり」というような意味だが、ここでの「過失」は、払うべき注意を払わなかったこと（注意義務違反）と定義されてい

る。この過失の判断方法は民法の場合と刑法の場合とでおおよそ共通している。

　私たちの社会には、他人の権利や利益を害さないために一定の注意を払って行動する義務があると考えられる。それなのに、そうした注意義務に沿った行動をとらなかったことで、他人の権利や利益を侵害してしまった場合、その損害について加害者に賠償の責任を負わせようというのが、民法709条の背後にある考え方である（これを「過失責任主義」と呼ぶ）。

　case の南さんは、前方不注意で自動車を運転して山田君にケガを負わせている。1（1）でも説明したように、自動車を運転する人が前方によく注意を払うことは運転者としての義務だから、南さんには注意義務違反があり、過失があることになる。同じように、山田君は街灯のない夜道を無灯火で自転車を運転して朝倉さんにケガを負わせている。暗い夜道で自転車のライトを点灯せずに自転車を運転するのは、自転車を運転する人としての注意義務に反するので、山田君には過失があることになる。

　私たちにどのような注意義務が課されているかは、その人の立場によっても変化する。例えば、専門家にはその専門性に応じた高度な注意義務が課されるから、外科医がケガ人を治療する場合には、一般の人がケガ人を手当てするのとは異なる、高い注意義務が要求される。

③効果としての損害賠償責任

　ここまでの説明で、民法709条は、注意義務に反して、他人の権利や利益を侵害した場合に、損害の賠償をするための規定であることがわかったと思う。南さんは過失により山田君の身体にケガを負わせ、山田君は過失により朝倉さんの身体にケガを負わせた。これは南さんが山田君の権利を、山田君が朝倉さんの権利を、それぞれ侵害したことになる。したがって、南さんは山田君に、山田君は朝倉さんに、それぞれ損害を

賠償する責任が発生する。

　ここで、賠償の対象となる損害というのは、加害者の過失から生じた損害のうち、通常なら生じないような損害を除いたものを言う。そうした個々の損害について、実際にかかった額と将来かかりそうな額を計算して合算したものが、損害賠償額になる。

　例えば、南さんが山田君に全治1か月のケガを負わせた結果、山田君には治療費2万円、入院費15万円、通院費3万円がかかったとすれば、山田君が南さんに請求できる損害賠償額は20万円となる。また、山田君の運転していた自転車が事故で壊れた場合、これも南さんの過失によって生じた損害だから、その修理代が損害賠償額に加算される。同じように、山田君が朝倉さんに全治2週間のケガを負わせた結果、治療費8000円、通院費2000円がかかったとすれば、山田君が朝倉さんに払う損害賠償額は1万円となる。このように、実際に生じた損害の大きさに応じて、損害賠償額は決まってくる。

④逸失利益の賠償

　ただ、実際に民事裁判になるような、交通事故の責任が問われるケースでは、この程度の損害賠償額に収まることはめったにない。

　民法709条によれば、不法行為の責任を負う加害者は、過失によって通常生じる損害を全て賠償するのが原則である。ここでの損害には、不法行為がなければ得られたはずなのに、不法行為のために得られなくなった将来の利益も含まれる。これを「逸失利益」と言う。

　例えば、山田君のケガが重かったため、山田君はアルバイトを辞めざるを得なかったとする。そうすると、山田君がアルバイトを続けていれば得られたはずの給料に相当する額が、南さんの不法行為によって得られなくなったことになる。したがって、山田君はこの逸失利益を損害賠償として請求できる。

　もっと恐ろしいのは、被害者に後遺症が残ったり亡くなってしまった

りした場合である。このときの逸失利益は、後遺症がなければ得られた
はずの利益、あるいは死亡しなければ得られたはずの利益に相当する
（死亡した場合は、遺族がこの損害賠償請求権を相続する）。

　例えば、山田君が自転車で衝突した朝倉さんが、転倒した際の打ちど
ころが悪くて死亡したとする。もし、朝倉さんが大学4年生で就職が決
まっていたとすると、朝倉さんの逸失利益は、朝倉さんがその企業に定
年まで勤務した場合に得られたはずの全収入の予測額となる（ただし、
生活費など将来の支出分を差し引いた額となる）。このため、自転車の
衝突事故であっても、1億円を超える損害賠償の責任を負うこともある
のである。

（2）被害者の過失の考慮

　ここまでの説明を読んで、読者の皆さんの中には、朝倉さんが事故に
あった際に、スマートフォンを操作していたという事実が気になった人
もいるだろう。スマートフォンを操作しながら歩いたり、自転車に乗っ
たりしていた朝倉さんにも「過失」があるのではないか。この点、民法
ではどう扱われるか（刑法は1（3））。

　民法722条2項によると、被害者に過失があったとき、裁判所は、
これを考慮して損害賠償の額を定めることができるとされている。つま
り被害者の過失は損害賠償の額に反映する。これを「過失相殺」と言う。

　case で、山田君が朝倉さんと衝突した際の山田君の無灯火運転の過
失と、スマートフォンを操作していたという朝倉さんの過失の割合が仮
に7：3であるとすると、朝倉さんの負った全損害のうち、7割が山田
君の負担になる。つまり、朝倉さんが1万円の損害を負っていたとすれ
ば、7000円が山田君が払うべき損害賠償額になる。

（3）損害の分担という発想と保険の話
①被害者と加害者の間の損害の分担ルールとしての不法行為

　刑事責任とは異なり、民事上の「責任」とは、要するに、加害者が自分の財産によって、被害者が受けた損害を塡補する（埋め合わせる）ということである。私たちの社会は、他人との接触がなくして成り立たないから、他人に損害を与えてしまう場合があることは避けられない。しかし、与えた損害を全て塡補しなければいけないというのでは、社会生活は成り立たない。例えば、知人に風邪をうつしたとしても、そのことで損害賠償を支払うべきだということには普通はならない。これは、風邪をひくことによる損害は、風邪をひいた本人が引き受けるものだと通常考えられているからだ。

　このように、民事上の責任があるとかないとかいう話は、私たちが社会生活を送る中で発生した損害を、加害者に引き受けさせるか、被害者に引き受けさせるか、さらには何らかの割合で分配するか、という問題なのである。このため、不法行為責任の究極の目的は、損害の公平な分担にあると言われている。民法709条と722条は、そうした損害の公平な分担のためのルールを提供していることがわかる。

②保険による損害の分散

　ところで、南さんが運転する自動車には所有者（保有者）がいて、その人は、自動車賠償責任保険（自賠責）という保険に加入しているはずである。この保険は、「自動車損害賠償保障法」により、強制加入が義務となっていて、この保険に加入していない自動車は運行できないとされているからである（自動車損害賠償保障法5条）。

　自動車賠償責任保険は、自動車事故によって、自動車の保有者や運転者が被害者に対して損害賠償責任を負った場合に、その損害賠償責任を保険金でカバーするための仕組みである。つまり、南さんが山田君に対して負う損害賠償責任を、保険会社が肩代わりして保険金から支払っ

てくれることになる。2（1）④の通り、交通事故による損害賠償額は１億円を超えるようなこともあるから、加害者が払いきれない場合も多い。加害者が損害賠償を払えないと被害者の損害は回復しないので、被害者救済のために、あらかじめ保険に加入させておくのである（ただし、自賠責による保険金の支払いには限度額がある）。

このように、加害者になる可能性のある人が、自分の負う責任を肩代わりしてもらうために加入する保険を責任保険と言う。これに対して、被害者になる可能性のある人が、自らの損害をカバーするために加入する保険を損害保険と言う。例えば、朝倉さんが損害保険に入っている場合、山田君に負わされたケガの治療費などについて、保険会社に保険金で支払ってもらう方が、山田君に損害賠償を請求するよりスムーズに事が進むかもしれない。

責任保険にせよ、損害保険にせよ、保険会社が保険金を支払うには元手となる資金が必要である。保険会社は、保険加入者（保険契約者）から保険料を受け取って、それを保険金の支払いに充てている。つまり、保険とは、事故にあった人が受けた損害を、保険加入者全員で広く薄く分担して負担するという仕組みなのである。被害者の損害を填補するためには、民事責任だけでなく、保険という仕組みも大きな役割を果たしていることを知っておこう。

３ 行政法を使って考える

最後に、**Q3**について行政法の考え方で解決策を探っていこう。

（1）自動車についての道路交通法上の規制

これまで見てきたように、自動車の交通事故の加害者に対しては、民法と刑法に基づき責任が追及される。場合によっては、懲役刑といった

極めて重い処罰を受けることもあるし、極めて高額な損害賠償の支払いが命じられることもある。交通事故に対して民法や刑法が極めて厳しい立場で臨んでいることがわかるだろう。

とはいえ、いくら厳しく責任を追及したとしても、事故が起きた後に対処するのでは遅すぎるのではないだろうか。被害者が亡くなってしまったら、加害者を厳罰に処したとしても、賠償金を払わせたとしても、失われた命が戻ってくるわけではない。もちろん、厳罰に処することで他のドライバーが安全運転を心がけるようになることは期待できるが、「俺は運転が上手だから事故なんか起こさない」と油断している人も多いだろう。

そこで、ここでも行政法の出番となるが、交通事故を未然に防ぐための仕組みとして、道路交通法に基づき「運転免許制度」と「交通反則制度」が導入されている。読者の皆さんにとっても身近な制度であるので、その大まかな仕組みは聞いたことがあるかもしれない。

簡単に言えば、自動車の運転は、特別の試験を受けて合格した場合に限って許されている。試験で運転能力が十分にあると認められると、行政（都道府県公安委員会）から「運転免許」が与えられる。そして、この運転免許があって初めて運転が可能となるのである。

逆に言うと、免許を持っていないのに自動車を運転すると「無免許運転」（道路交通法64条1項）ということで刑罰のペナルティが科される。「3年以下の懲役又は50万円以下の罰金」（同法117条の2の2第1号）というかなり重い刑罰が定められている上に、無免許運転で事故を起こした場合には、通常の場合と比べてさらに刑罰が重くなるのが特徴である。

運転免許を取得するためには、いくつかのルートがあるが、通常は、自動車教習所に通って技術を学んで卒業した後に、行政（都道府県公安委員会）の実施する学科試験に合格しなければならない。運転免許をと

るつもりなら、学生のうちに早めに済ませた方がよいので、生協などで相談してみよう。不思議なことに、運転免許を取得すると大人への階段を一歩上ったと感じるだろう。

このように、運転免許の仕組みは、安全運転ができる人だけに運転を認めることで、交通事故を未然に防ぐことを目的としている。そのため1 (1) で説明したように、免許をとった後にもドライバーは様々な厳しいルールを守らなければならない。そして、これらのルールを守らないドライバーに対しては、運転を認めないこととしている。

例えば、スピード違反や飲酒運転、駐車違反、交通事故などを引き起こすと「違反点数」が加算されて、反則金の支払いや免許停止、免許取消といったペナルティを受けることになる。このような仕組みのことを「交通反則制度」と呼ぶ。重大な違反は当然として、軽微な違反であっても、違反が繰り返される場合には、事故を起こすおそれがあるとして処罰されるのが特徴である。

違反点数の計算はかなり複雑である。例えば、制限速度が時速50kmの道路を時速80kmで走ると、30kmの速度超過となり、違反点数「6点」が加算される。違反点数が6点になると免許停止30日という処分が下され、30日間運転が禁止される。ただし、特例措置があり、「違反者講習」という特別の講習を受けると停止期間が短縮される。さらに重大な違反については免許取消となり、再度運転免許をとらない限り、運転することが許されなくなる。

case では、交通事故を引き起こした南さんには、事故の重大さ（ケガの程度や責任の重さ）に応じて違反点数が加算される。山田君のケガは、全治1か月とかなり重いものであることから、免許停止となる可能性が高いだろう。南さんは、民法や刑法に基づき責任を追及されるだけ

でなく、運転を一時的にやめなければならないという行政法上の責任も負わなければならないのである。

（2）自転車についての道路交通法上の規制

　さて、（1）の説明は自動車の運転に関するルールであるが、自転車についてはどのようなルールが定められているのだろうか。

　もちろん、自転車ではこのような免許制度や交通反則制度は存在しないから、原則として誰でも自由に乗ることができる。業務上過失致傷罪が適用されないことからもわかるように、自動車やオートバイに比べると、自転車はそれほど危険ではない上に、日常生活にとって必要不可欠であるので、免許は不要とされているのである。

　とはいえ、自転車も他人に危害を及ぼすおそれがあるので、道路交通法では自転車の運転に関する様々なルールも定められている。例えば、アルコールを多量に飲んで自転車を運転すると、「酒酔い運転」として、「5年以下の懲役又は100万円以下の罰金」の刑罰が科されることがある（道路交通法117条の2第1号）。自動車の場合と同様に、自転車についても、酒酔い運転には厳しい処罰が用意されているのである。また、信号無視や一時停止違反についても同様のルールがある。

　このように、自転車の運転についても、法律上は様々なルールがあり、違反者に対して刑罰も定められている。では、自転車を運転していて逮捕されて刑罰を受けた人は実際にいるのだろうか。

　不思議に思えるかもしれないが、自転車については、違反者に対して刑罰が科された例は極めて稀である。自転車の交通違反はそれほど重大な結果をもたらさないので、わざわざ刑罰をもって処罰する必要性に乏しいとして、検察官も裁判官も処罰に消極的だからである。そのため、自転車に関する道路交通法の規定は、有名無実なものになっているのが現状である。

　しかし近年では、自転車による事故が相対的に増えてきて、より実効

的なペナルティが必要となったために、2015年6月から新たな対策が
とられるようになっている。それは、信号無視や踏切の強行突破、飲酒
運転といった危険な運転を繰り返し行った人には、「安全講習」を強制
的に受けさせるというものである（道路交通法108条の3の5）。この
安全講習とは、安全運転に関する教育・啓発を目的としており、違反者
は6000円程度を払って3時間のプログラムを受講しなければならない。
もし受講を怠った場合には、5万円以下の罰金が科されるというペナル
ティが待っている（同法120条1項17号）。

　　　安全講習の具体的な内容としては、自転車に関する交通ルールを確認
　　したり、小テストを受けたり、参加者どうしでディスカッションをする
　　ことが挙げられる。
　　　なお、自転車の交通違反に関しては、より実効的な制裁を科すという
　　観点から、道路交通法の改正が予定されている（令和6年度中に成立予
　　定）。これによれば、信号無視や一時不停止、運転中のスマホ使用等の違
　　反行為をした者に、1万円程度の「交通反則金」の支払いを命じること
　　が可能となる。自転車に対する取締りが徐々に厳しくなっていることが
　　わかるだろう。

　case では、山田君が無灯火で自転車を運転していたが、これは「安
全運転義務違反」に当たると考えられるので、次に違反を繰り返すと、
安全講習の受講が義務付けられることになる。自転車といえども、しっ
かりと交通ルールを守った運転を心がけてほしい。

第 **4** 章　路上喫煙

　　大学生になっても、20 歳になるまでは法律上は喫煙や飲酒をすることは許されないので、節度を守って行動しよう（選挙権は 18 歳から認められるようになったが、飲酒や喫煙ができる年齢は 20 歳のままである）。もう一つ注意すべきなのは、20 歳を超えても、繁華街などの一定の地域では路上での喫煙やタバコのポイ捨てが禁止されており、違反者に対してはペナルティも用意されていることである。そして、興味深いことに、このような仕組みは「地方自治」と密接に関係している。第 4 章では、このような特別の仕組みについても学ぶことにする。

case

　大学1年生（19歳）の大田さんは、普段から喫煙をしていたが、それを親から特にとがめられることもなかった。大田さんは、大学敷地内が全面禁煙であるため、大学からの帰り道にコンビニでタバコを購入し、城東市内の路上でタバコに火をつけて吸い、吸い終わった後に吸い殻をそのまま路上に捨てた（いわゆる「ポイ捨て」である）。大田さんがタバコを吸い、吸い殻をポイ捨てした路上は、城東市の禁煙特定区域に指定されていて、道路の表面には、「タバコの吸い殻を捨ててはいけません。また、禁煙特定区域で喫煙をしてはいけません。」との内容のステッカーが貼ってあった。城東市の条例では、禁煙特定区域内で喫煙をした場合には、2万円以下の過料に処するという規定がある。また、城東市では、路上に空き缶・ペットボトルやタバコの吸い殻をポイ捨てした場合には、2万円以下の罰金に処するという規定がある。

Q1 この城東市の「条例」とはどのようなものなのか。「法律」とどのように異なるのだろうか？

Q2 禁煙特定区域でタバコを吸い、その後吸い殻をポイ捨てしたことに関して、大田さんはどのような責任を負わなくてはならないのだろうか？

Q3 大田さんが火のついたタバコを持ったまま、禁煙特定区域の路上を歩いていたところ、8歳の女の子・彩子ちゃんとすれ違う際に、誤って彩子ちゃんの顔にタバコをぶつけてしまい、顔にやけどを負わせてしまった。大田さんは彩子ちゃんや彩子ちゃんの両親にどのような責任を負わなくてはならないのだろうか？

1 │ 行政法を使って考える

最初に、**Q1** について行政法の考え方で解決策を探っていこう。

（1）条例の仕組み

case では、20 歳未満の者の喫煙と吸い殻のポイ捨てが問題になっているが、倫理的にこのような振る舞いが許されないことは言うまでもない。ただし、この本は法学を学ぶことが目的なので、ここでは、喫煙などが法的に許されるかどうかを考えていこう。

さて、ここで言う「法的に」とは、法の定めるルールに基づいて判断するということであるが、一口に「法」と言っても、憲法や条約、法律、慣習法といった様々なものがあることを覚えておこう。

そして、これまでの **case** で登場した民法や刑法が「法律」に当たるのに対して、本章の **case** の特徴は「条例」という特別の法が登場することにある。つまり、タバコのポイ捨てや路上喫煙を禁止するルールは、法律ではなく、条例によって定められているということである。

そもそも「法律」が国会の定める法であることはよく知られているが、条例とは一体どのようなルールなのだろうか？　もしかすると、「○○条例」という名称を聞いたことがあるが、正確なところはよくわからないという読者もいるかもしれない。

条例を理解するためには、その前提として「地方自治制度」について知っておく必要がある。日本国憲法の第8章に「地方自治」とあるように、地方自治は憲法で認められているが、そもそも、地方自治とはどのような仕組みで、なぜ必要とされているのだろうか。

ここで注意しないといけないのは、行政の運営は、「国（中央政府）」と「地方自治体（都道府県や市町村）」の二つのレベルで行われていることである。つまり、国全体に関わる事項（経済政策や社会保障、外交、

国防）については国が担当するのに対して、各地域における、より生活に密着した事項については地方自治体が担当する、という役割分担が存在するのである。

　地方自治における国と地方自治体の役割分担は複雑である上に、様々な例外も存在する。他にも、条例と法律のどちらが優先するかが問題となることも多いが、初学者にとっては難しすぎるので、ここではその概略を見ていこう。

　わかりやすくするために、東京都国分寺市を例にして説明しよう。国分寺市は、地方自治体のうち「市町村」の一つであり、そのエリア内（地図上で国分寺市と表記される区域）で行政を担っている（学校教育や社会保障、インフラ整備などの一部が国分寺市によって実施されている）。行政のトップである「市長」の他に、立法を担当する「議会」も置かれていて、それぞれ住民（国分寺市民）の選挙によって選ばれる。

　さて、地方自治ということは、地方自治体ごとに独自の行政を行うことが一定の範囲で認められていることを意味する。国分寺市でも、地域の実情にあわせて、国の法律とは異なる特別のルールを定める必要がある場合には、限界はあるものの、そうすることが認められている。

　ここで登場するのが「条例」である。条例とは、その地方自治体のエリア内でのみ効力を有するルールのことであり、議会によって制定される。簡単に言えば、その地域限定の「法律」ということになる。

　地域住民の代表である議員が制定することから、人々の自由を制限したり、義務を課したりすることが認められており、比較的軽いものに限られるが、条例に基づき刑罰や秩序罰といった制裁を科すこともできる。そのため、地方自治体が行政を担う上で、条例は重要な役割を果たしていると言える。

（2）城東市独自の路上喫煙対策

case の城東市では、路上喫煙やタバコのポイ捨てを禁止するために、城東市議会によって条例が定められた。法律では路上喫煙などは禁止されていないが、城東市の特有の事情として、路上喫煙の被害がひどく、喫煙に対する市民の批判が強かったのだろう。そこで、地方自治の理念に基づき、独自のルールが導入されたのである。

ただし、この条例は、法律とは異なるので、全国的に効力があるわけではない。あくまで城東市のエリア内でのみ有効であるから、城東市の外に出てしまえば、路上喫煙なども処罰されないことになる。

> 条例の効力が城東市の住民に及ぶことは当然としても、一時的に城東市を訪れただけの人（買い物客や会社員など）もこの条例に従わなければならないのだろうか。難しい点であるが、一般には、一時的な滞在者にも条例の効力が及ぶと解されている。これを「条例の属地的効力」と呼ぶ。

以上のように、地方自治体はそれぞれ条例を定めることができるので、自治体ごとにルールの内容が異なる場合が少なくない。普段は条例を意識することは少ないかもしれないが、ルールを正しく理解するためには、条例にもしっかり目を向けないといけないのである。

ところが、実際には条例の認知度はまだまだ低いので、他の自治体から来た人には「不意打ち」となることもある。また、**case** のように「禁煙特定区域」を定める場合には、その範囲がわかりにくいといった問題もある。そこで城東市では、道路にステッカーを貼ることで、ルールを伝えようとしているのである。

2 ｜ 刑法を使って考える

　次に、**Q2**、**Q3** について刑法の考え方で解決策を探っていこう。

（1）路上喫煙・ポイ捨ての禁止

　1で説明したように、現在、多くの地方自治体で、路上喫煙やタバコのポイ捨てを禁止する条例が制定されている。その内容は、地方自治体ごとにかなり異なるが、**case** の城東市のように、路上喫煙については過料を科しつつ、ポイ捨てについては罰金を科す条例もあれば（例えば、東京都足立区など）、路上喫煙とポイ捨ての両方に過料だけを科す条例もある（例えば、東京都千代田区など）。それでは、罰金と過料にはどのような違いがあるのか。

　罰金は、刑法が定める刑罰のうちの一つである。具体的には、被告人から1万円以上の金銭をとるものであるが、その上限は、犯罪ごとに決められている。城東市の条例では、罰金の上限を2万円としているので、1万円以上2万円以下の罰金が科されることになる。刑罰を科すためには、刑事訴訟法が定める手続（刑事裁判）が必要で、裁判所の判断によって具体的な金額が決まる（→9頁）。

　これに対して、過料は、一定額の金銭をとるという点では罰金と共通するが、刑法が定める刑罰ではない。過料は「行政罰」と呼ばれるものであり、一定の違法行為に対する制裁として科される点では刑罰と同じだが、刑事裁判による必要はない。特に条例に基づく過料の場合には、地方自治体の長（都道府県知事や市町村長）が過料の支払いを命じることができるので、より迅速に制裁を加えることができる。

　　　ただし、地方自治体による条例については、国が定める法律とは異なり、定められる刑罰や行政罰には一定の上限がある。地方自治法14条3

項では、「2年以下の懲役若しくは禁錮、100万円以下の罰金、拘留、科料若しくは没収の刑又は5万円以下の過料を科する」ことができるとされている。

　なお、「科料」とは、1万円未満のお金を被告人から奪う刑罰であって、本文中で触れられている「過料」とは異なる。似たような名称であっても、その性質が異なることに注意しよう。

　罰金と過料とは、法の規定の上では異なるものの、実際に持つ機能を見てみると、過去に行われた違法な行為に対して科され、同様の違法な行為が将来に行われることを防ぐという点で、大きく共通する。そして、どのような行為に罰金が科されるべきであるか、また、過料が科されるべきであるかについては、はっきりとした基準があるわけではない。地方自治体が過料を規定する場合には、その上限が5万円となっているので（地方自治法14条3項）、5万円を超える金銭をとる規定を作りたい場合には、罰金規定にするしかないのだが、城東市の条例のように、路上喫煙については2万円の過料を、ポイ捨てについては2万円の罰金を規定する条例もある。

　それでは、罰金と過料とはどのように使い分けられているのだろうか。一応の目安としては、社会的な非難の大きな行為については罰金が、そうではない場合には過料が規定されると言える。刑罰には、違法な行為をした人に対して、その違法な行為を理由として非難し、責めるという性質がある。つまり、「お前は○○という行為をしたから、非難に値する人間だ」と責めてレッテルを貼る（これを「スティグマ」と呼ぶ）のが刑罰である。ある人に対して国や地方自治体が「お前は悪い人間だ」というレッテルを貼るのであるから、そうした非難に値するような行為だけがその対象とされるべきだろう。これに対して、そこまで悪くはない行為にわざわざレッテルを貼る必要はないので、刑罰を用いるべきではないことになる。

さて、**case** の城東市の条例を再び見てみよう。城東市の条例では、空き缶・ペットボトルやタバコの吸い殻といった小型のゴミを捨てる行為に対して2万円以下の罰金を科している。これらの小型のゴミは、一つ一つはさほど目立たない。しかし、「ちりも積もれば山となる」と言うように、それ自体としては小さなゴミも、たくさん集まれば生活環境に対して大きな負荷となり、地域住民にとって大きな迷惑となる（自分の住んでいる家の周りが空き缶、ペットボトル、紙くずやタバコの吸い殻で一杯だとしたら、どんな気持ちになるかを想像してみるとわかるであろう）。こうした行為は、人々に対して迷惑をかける悪い行為であって、社会的非難の対象になると考えることができる。こう見てみると、ポイ捨てに対して罰金を科すことは、一定の合理性がある。ただし、一つ一つのポイ捨て行為自体には、そこまで大きな害悪性はないため、罰金額は低く抑えられるべきである。

　また、城東市は、路上喫煙に対して2万円以下の過料を科している。まず、路上喫煙が人々や社会に及ぼす悪影響については、タバコの副流煙による健康への危険と、タバコの火による身体への危険（つまり、やけどの危険）にわけて考えることができる。そして、副流煙の危険については、屋内に比べれば屋外ではタバコの煙はすぐに拡散して希薄化するため、人の健康に与える危険性もそこまで大きいものとは言えず、法的規制の根拠としても不十分かもしれない。そこで問題となるのがやけどの危険性である。タバコの火がついたままで人ごみの中を歩くと、その火が他の人、特に小さな子どもなどにぶつかる危険性がある、というわけである。こうした考え方からは、人ごみが予想されるような一定の場所に限定して、禁煙特定区域を設定し、その場所での喫煙に対して一定の罰則を科すことには合理性がありそうである。

　そして、城東市の条例では、路上喫煙については過料を定めている。過料であれば、刑事裁判によることなく、地方自治体の長の決定で支払いを命じることができるので、より簡単・迅速に対応することができる。

（2）傷害についての責任

大田さんは、彩子ちゃんとすれ違う際に、誤って彩子ちゃんの顔にタバコの火をぶつけてケガをさせた。大田さんには彩子ちゃんをケガさせたことで、罪に問われるのではないか。

仮に、大田さんが、人ごみの中でタバコの火を手に持ったまま歩いていて、誰かにタバコの火をぶつけても構わないと考えていたら、大田さんには傷害罪の故意があったと言える。積極的にケガをさせてやろうと思っていた場合（これを「確定的故意」と呼ぶ）でなくとも、ケガをさせても構わないと思っていた場合には、「未必の故意」を認めることができるからである（→52頁）。こうした故意がある場合には、大田さんには傷害罪が成立する。

これに対して、**case**のように、彩子ちゃんとすれ違った際に「誤って」タバコの火をぶつけてしまったような場合には、「ついうっかり」彩子ちゃんをケガさせてしまったと言える。このような場合には、**第3章**で扱ったように、故意犯ではなく、過失犯になるかが問題となる。つまり、過失傷害罪に当たるかどうかが問題となる（→52頁）。

過失傷害の場合、過失の程度が重大である場合には重過失致傷罪が成立する。**第3章**で扱ったように、重過失かどうかは、注意義務に反する程度が著しいかどうか、あるいは結果を予見することが非常に簡単と言えるかどうかで決まる（→54頁）。そこで、**case**を見てみると、大田さんは、高温で燃えているタバコを手にしたまま、特に注意も払わずに、一般的に人が多く集まる場所である禁煙特定区域の路上を歩き、彩子ちゃんとすれ違う際に、顔にタバコの火をぶつけている。このように、多くの人が集まる場所で、高温のタバコの火に配慮しないで、子どもの顔に当たるような持ち方で火のついたタバコを持って歩くのは、他人の身体に対する注意義務に反する程度が著しく、また、他人にタバコの火をぶつけてしまうことを非常に簡単に予見できたと言える。したがって、大田さんには、重過失致傷罪が成立すると言えるだろう。

3 | 民法を使って考える

最後に、**Q4** について民法の考え方で解決策を探っていこう。

（1）大田さんの彩子ちゃんに対する責任

　大田さんは、路上喫煙の結果、彩子ちゃんにやけどを負わせている。彩子ちゃんの親（親権者）は、やけどの治療費を負担しただろうし、何より娘の顔に跡が残ったらいけないと随分心配もしただろう。そこで、彩子ちゃんあるいは彼女の親権者が、大田さんにどのような請求ができるのかを考えてみよう。これは民事裁判の問題である。

　ここで問題となるのは、**第3章**でも紹介した不法行為である（→58頁）。その基本条文である民法709条は、「故意又は過失によって他人の権利又は法律上保護される利益を侵害した者は、これによって生じた損害を賠償する責任を負う」としている。**case** の大田さんの過失は明らかであり、大田さんが彩子ちゃんの権利を侵害したことも疑いないであろう。そこで、大田さんは彩子ちゃんに対して損害賠償責任を負うことになる。

　問題は、彩子ちゃんが8歳の少女であるということだ。彩子ちゃんが、自分で裁判所に行って、大田さんを訴えるということは考えられない。そこで、彩子ちゃんの親権者が代わりに訴えを起こすことになる。この場合、彩子ちゃんが大田さんに対して持っている損害賠償請求権を、彼女の親権者が代わりに行使することになる。こうした関係を民法では「代理」と言うが、親権者は未成年の子を代理する権限が与えられているため、こうした訴えを提起することが可能なのである。

　ただ、これだけだと、彩子ちゃんが顔にやけどをしたことによる治療費や、彩子ちゃん自身が負った精神的苦痛を慰謝するための費用（慰謝料）を損害賠償として請求することはできそうだが、大事な娘の顔に傷

をつけられた親権者自身の精神的苦痛は考慮されない。そこで、このような場合には、親権者も被害者だと考えて、彩子ちゃんの親権者が自ら原告となって大田さんを訴えることを認めるべきだという考え方もある。民法では、被害者が死亡した場合にその父母、配偶者、子は精神的苦痛の損害賠償を請求できるとする条文があるが（民法711条）、死亡していない場合にも、子が傷害を負って非常に大きな精神的苦痛を被った親権者は、慰謝料の請求ができるとした裁判例もある。

　いずれにせよ、大田さんは彩子ちゃんに対して、自らの行為によって彩子ちゃんに与えた損害を賠償する義務があることは間違いない。

（2）加害者の親の責任（監督義務者の責任）

　若者が事件を起こすと、ネット上に「しつけをしなかった親も責任をとれ」といったコメントが書き込まれることが少なくない。大田さんは、普段から喫煙をしていたのに、親は注意をしていなかったようだ。そこで、19歳の大田さんの親が、彩子ちゃんの被害について損害賠償責任を負うことはあるかを考えてみる。

　まず、**case**とは少し違うが、小学生が火遊びをして、他人の顔にやけどを負わせた場合を考えてみよう。もちろん、火遊びはいけないことだし、招いた結果は悲惨なものである。だが、小学生ぐらいだと、自分のしていることがどんな結果を招くかをきちんと理解できないことも多い。そうした子どもに、不法行為に基づく莫大な損害賠償責任を負わせるのはかわいそうだし、おそらく問題の解決にならない。子どもに損害賠償の支払いを命じても、支払う財産がない場合が多いからである。

　そこで、民法712条は、未成年者が不法行為の当時、自分の行為の責任を理解する能力を欠いている場合には、未成年者自身は不法行為責任を負わないことにしている。その場合は、民法714条により、未成年者の監督義務者が責任を負う。監督義務者とは、日常生活では親権者、学校生活では教師などがこれに当たる。

しかし、**case** の場合には、この条文は使えない。この条文が想定しているのは、12〜13歳くらいまでの未成年の児童が加害行為をしたようなケースである。大田さんは19歳だから、そもそも未成年ではない。それに、未成年であっても、中学生から高校生ぐらいになれば、自分の行為の責任を理解して行為をすることができるのだから、不法行為について本人自身が責任を負うべきだというのが、民法の基本的な考え方なのである。そして、本人自身が責任を負う以上は、親に責任を肩代わりさせる規定である民法714条は適用されない。

（3）加害者の親の責任（親自身の不法行為責任）

　では、大田さんの親は、彩子ちゃんに責任を負う可能性は全くないのだろうか。そこで考えられるのが、大田さん自身とは別に、大田さんの親も、彩子ちゃんに対して共同で不法行為をしていると考えて、民法709条の適用を認めることである。

　例えば、事故当時、大田さんと大田さんの親が、2人で歩きタバコをしながら歩いていて、彩子ちゃんにやけどを負わせたという状況を考えてみよう。この場合には、直接にやけどを負わせたのは大田さんだとしても、大田さんと大田さんの親が、共同して、彩子ちゃんにやけどを負わせたとみる可能性がある。そう考えると、大田さんの親自身の過失が、彩子ちゃんのやけどという結果を引き起こしたことになり、大田さんだけでなく、大田さんの親も不法行為による損害賠償責任を負う。この状態を共同不法行為と呼び、加害者は連帯責任を負う。

　反対に、そうした状況がない場合には、大田さんの親に不法行為責任を負わせることは難しい。確かに、大田さんの親は、普段から違法喫煙をしていた自分の子どもに注意を与えなかったという過失が認められるようにも見える。しかし、大田さんの親に不法行為責任が認められるためには、大田さんの違法喫煙を注意しなかったという行為が原因となって、彩子ちゃんのやけどという結果が引き起こされたという関係（これ

を「因果関係」と言う）がなくてはならない。言い方を変えると、違法喫煙を普段から注意してさえいれば、この事故は避けられたというのでなければ、大田さんの親が、彩子ちゃんに不法行為責任を負うことはない。

　それでも、大田さんが中学生や高校生の頃であれば、裁判所は大田さんの親の責任を認めたかもしれない。未成年者の親権者であれば、子どもの違法喫煙を厳しくとがめ、場合によってはタバコを買う小遣いを与えないなどして喫煙をさせなければ、事故は起きなかったといえるかもしれないからである。しかし大田さんは 19 歳の成年であり、大田さんの親が大田さんに注意を与えても、大田さんが違法喫煙をやめるとも思えない。裁判所としては、大田さんの親の行為が原因になって、彩子ちゃんのやけどという結果が引き起こされたとは評価しにくいだろう。大田さんは一人の大人として、自分のしたことの責任を単独で引き受けなければならないのである。

第**5**章　アルバイトをする

　アルバイトを始めると、ときとして理不尽な目にあうことも少なくない。そのようなときに法律の知識があれば、自分の正しさを堂々と主張することができるだろう。また、外国人が日本に滞在する際には、「出入国管理制度」という特別の仕組に従わなければならない。日本人にとっては必ずしも馴染みのある仕組みではないが、国際化が進んでいる今日では、その重要性がますます高まっていることを覚えておこう。

case

　留学生のティンさんは、生活費の一部にしようと、近所の24時間営業のスーパーでアルバイトをしている。このスーパーは個人経営で、10人ぐらいの従業員やアルバイトが働いている。みんなティンさんに親切なので、店長がケチで意地悪なことを除けば、ティンさんはこのアルバイトを気に入っている。

　ある日、ティンさんが一人で夜勤をしていると、不審な男が入ってきて、レジをこじ開けてお金を奪おうとした。驚いたティンさんが制止しようとすると、男はいきなり隠し持っていたナイフでティンさんに切りつけ、よけようとしたティンさんの腕にケガを負わせた。男は、レジの中にあった現金5万円をつかみ取ると、店から逃走した。

　ティンさんの通報で警官が来たが、ティンさんは腕からひどい出血をしていたため救急車で病院に運ばれて手当てを受けた。その後、警察の事情聴取を受け、ティンさんは明け方に自宅に戻った。

　次の日の朝、ティンさんは店長から電話で店に至急来るようにと言われたので行ってみると、店長は従業員やアルバイトを集めた前で、レジの中の5万円を返すようにティンさんに言った。驚くティンさんに、店長は、店から5万円が盗まれたのは、ティンさんの夜勤中のことだから、ティンさんに責任があるのだと説明した。ティンさんは、自分は一生懸命犯人の男を捕まえようとしたが、ナイフを持っていたのでどうしようもなかったのだと言ったが、店長は無視するどころか、犯人はティンさんの友人ではないか、ティンさんは友人と狂言強盗（共に示し合わせて強盗の被害に遭ったと嘘をついて金銭を盗むこと）をしたのではないかなどと、あらぬ疑いまでみんなの前で口にした。さすがに見かねた従業員やアルバイトの友達が店長に抗議をしてくれたが、店長は、5万円はティンさんの今月の給料から差し引く、それが嫌なら自分の責任を認めて、みんな

の前で土下座をして謝罪しろ、と言い放った。ティンさんは涙をこらえてみんなに謝った。

　ところがさらに、月末になると、店長はティンさんの給料を支払わないと言い出した。ティンさんは留学生なのでアルバイトは1週間に28時間までしか認められないところ（入管法19条2項）、ティンさんはその時間を超えて働いていたから不法就労であり、給料を払う義務はないというのである。確かに、ティンさんはその月、他のアルバイトの代わりに夜勤に入るなどして計35時間ほど働いたが、それも店長に頼まれて仕方なくしたことであり、納得できる話ではない。ティンさんが文句を言うと、店長はティンさんを解雇すると言い出した。ティンさんは、大学の留学生担当者のところに相談に行った。

Q1 ティンさんは給料を支払ってもらえるか。またティンさんの治療費は誰が払うのか。ティンさんは、今後も働き続けられるのだろうか？

Q2 店長がみんなの前で、ティンさんが狂言強盗をしていると公言し、ティンさんに謝罪を強要した行為にはどのような問題があるだろうか？

Q3 留学生のアルバイトに関するトラブルに、国はどのように対応しているか？

1 | 民法を使って考える

最初に、**Q1** について民法の考え方で解決策を探っていこう。

（1）雇用はどういう関係か

　ティンさんは留学生だが、このことは詳しく 3 で説明しよう。ここではまず、アルバイトという関係がどのような関係なのかについて考えてみる。

　ここでのティンさんのアルバイトとは、店長に雇われて働いて、給料（アルバイト代）を受け取るという関係である。このような意味では、店長とティンさんの関係は、会社とそこで働くビジネスマンと同じであり、こうした関係を「雇用契約」（労働契約）と呼ぶ。

　つまり、「仕事をして、お金をもらう」という関係であるが、ここで少しだけ注意が必要である。「仕事をして、お金をもらう」という関係の中には、例えば、大工が注文を受けて家を建てて報酬を受け取ったり、医者が患者の病気を治して診察代を受け取ったりする関係も含まれる。しかし、これらは雇用契約とは呼ばれない。それは、大工や医者などが負っている義務（債務）の内容と関係している。

　大工の債務は、「家を建てる」ことである。定まった期日までに建てるとか、設計図通りに建てるとか、様々な条件がつくこともあるが、注文通りに建てられれば報酬がもらえ、建てられなければ報酬がもらえないか、減額されるか、いずれにしても義務違反の責任が生じる。こうした関係を生じさせる契約は「請負契約」と呼ばれる。要するに、報酬をもらう代わりに、ある仕事を完成する債務を負うということにある。

　これに対して、医者の債務は、「患者の病気を治すよう最善を尽くす」ということである。「患者の病気を治す」という債務を負っているわけではないことは、仮に患者の病気が治らなくても、医者は診察代を患者に請求できることからわかるだろう。医者が患者に対して債務不履行で責任を負う場合というのは、医療ミスなど、「最善を尽くす」義務を怠ったと言える場合だけなのである（→ 42 頁）。このような関係を生む契約を「委任契約」（正確には「準委任契約」）と呼ぶ。

　このように、請負契約と委任契約は、同じ「仕事をして、お金をもら

086　第Ⅰ部　基礎編

う」関係でも、発生する債務の内容が異なる。しかし、いずれも、そこでの仕事の内容は比較的明確に定まっている。この点、雇用契約はこれらとは異なる。

雇用契約は、労働者が、使用者に対して労働に従事することを約束し、使用者がこれに対して報酬を与えることを約束すれば成立する（民法623条）。つまり、労働者が負う債務は、「労働すること」であり、その具体的な仕事の内容は使用者の命令によって変化していく。

このため、ビジネスマンもアルバイトも、その報酬は、仕事をどれだけこなしたかではなく、どれだけの時間、命令に従って労働したかで決まるのが通常である。もちろん、仕事ぶりは昇給やボーナス（賞与）などに反映されるが、雇用契約の報酬が月給、日給、時給といったように時間単位で支払われるのは、雇用契約では、仕事の内容があらかじめ決まっていないという特徴があるためである。

case の場合、ティンさんは店長との間で雇用契約を結んでいて、店長の指示に従って労働を行っているのであるから、労働の対価として、契約で決められたアルバイト代を支払ってもらうのは当然である。

（2）労働基準法・労働契約法

雇用契約の特徴が、労働者が使用者の命令に従うという点にあることから、労働者は使用者との関係で、極めて弱い立場に立たされやすい。請負契約や委任契約に比べて、仕事する側（労働者）の独立性が低いのが、雇用契約である。

そのため、雇用契約で労働者を守るために、特別な法律を置いている。このうち、民事的な関係、つまり、使用者が労働者との関係で、労働者を守る義務や責任を負うのかという点に注目してみよう。

第2章でも少し紹介したが、一般には、契約の内容は当事者間の合意によって決まり、その内容が違法でなければ有効になる（民法90条）（→43頁）。このように、契約の内容を当事者間で自由に定められると

いう原則を「契約自由の原則」と言う。

しかし、雇用契約については、労働者と使用者の力関係の差に配慮し、国家が契約の内容に強力に介入する。この点は、**第1章**で紹介した消費者契約にも似たような特徴がある（→ 29 頁）。**第1章**では、消費者契約法と特定商取引法を紹介したが、雇用契約の場面で契約の内容を規制する重要な法律が、「労働基準法」と「労働契約法」である。

労働基準法は、賃金や労働時間をはじめとする、労働条件の最低基準を定めることによって、労働者の権利を守る法律である。労働基準法 13 条は、「この法律で定める基準に達しない労働条件を定める労働契約は、その部分については無効とする。この場合において、無効となつた部分は、この法律で定める基準による」と定めている。つまり、労働基準法に反する内容の労働契約は、使用者と労働者がその内容について納得して締結しても、法的な効力を持たない。

労働契約法は、2007 年に制定された比較的新しい法律であり、その名の通り、労働契約に関する基本的な事柄を定める法律である。労働契約の成立・変更・継続・終了に関する基本的なルールを定めている。

ここで、**case** に関係する条文を見ていこう。

（3）安全配慮義務

第一に、労働契約法 5 条は、「使用者は、労働契約に伴い、労働者がその生命、身体等の安全を確保しつつ労働することができるよう、必要な配慮をするものとする」と定めている。ここに定められているのは、一般的に「安全配慮義務」と呼ばれる義務である。労働契約（雇用契約）を結んだ使用者は、たとえ契約書にそうした義務を負うと書かれていなくても、労働者に対して安全配慮義務を負うことが、この条文に書かれている。

case のティンさんは、一人で夜勤をしていて強盗にあいケガをしている。もし店長が、夜勤を担当する労働者の安全を十分に確保する措置

をとっていなかったなら、店長は債務不履行をしたことになる。**第3章**で述べた通り、債務不履行からは損害賠償責任が発生するから（民法415条）、店長はティンさんの負った損害を賠償する責任がある（→58頁）。

（4）解雇権の濫用

労働契約法16条は、「解雇は、客観的に合理的な理由を欠き、社会通念上相当であると認められない場合は、その権利を濫用したものとして、無効とする」と定めている。解雇とは労働契約を解消することだが、この規定は使用者の権利を制限するものである。（2）で述べたように、雇用契約には、労働者と使用者の間で大きな力の差がある。特に、いつでも解雇できるというような内容の契約では、使用者の無理な命令に労働者が従わざるを得なくなる。そこで、使用者が労働者を解雇するには、合理的な理由が必要であり、常識的に間違ったやり方での解雇は、裁判所が介入して無効にできることを定めているのである。

case では、店長にはティンさんを解雇する「客観的に合理的な理由」や、「社会通念上相当」と認める事情はないものとされる可能性が高い。つまり、店長によるティンさんの解雇は無効であり、労働契約は継続することになる。

（5）民法における信義則と権利濫用

ここまでの説明の通り、安全配慮義務や解雇権の濫用に関するルールは、労働契約法の中に置かれている。そうすると、これらのルールは労働契約についてのみ適用されるように思えるかもしれない。しかし、契約相手の安全に配慮する義務や、自分に権利があるからといって、それを不当な目的で使ってはならないという義務は、他の契約でも成り立ちそうなルールである。

民法では、「権利の行使及び義務の履行は、信義に従い誠実に行わな

ければならない」こと（民法1条2項）、「権利の濫用は、これを許さない」こと（同法1条3項）をそれぞれ定めている。これらは民法の一般原則とされており、労働契約上の安全配慮義務や解雇権の濫用に関するルールは、こうした原則から派生した、より具体化したルールとして定められているというわけである。

　だから、安全配慮義務については、労働契約とは異なる他の法律関係でも認められることがある。例えば、国と公務員の関係は雇用契約ではないが、国は公務員に対して安全配慮義務を負う。また、派遣労働者が派遣先で負傷したようなケースで、派遣先の会社（派遣労働者と直接の雇用契約関係はない）が安全配慮義務を負う場合や、請負関係で注文者が請負人に対して安全配慮義務を負う場合もある。

　以上の説明の通り、労働契約は、委任契約や請負契約など他の契約にはない特別な性質があり、そのために特別の法律も存在するものの、やはり基本的には民法で規定される契約の一つであり、類似の契約関係や法律関係に適用されるのと似たルールが適用される場合も多い。反対に、委任契約や請負契約には、それを規制する特別の法律はないものの、信義則（民法1条2項）や権利濫用（同法1条3項）といった一般的な民法の条文が適用されることで、契約で直接定めていない債務が発生したり、契約で定めた権利の行使が制限されたりすることがある。契約は自由にその内容を決めることができるのが原則であるが、一定の範囲での制約がかかることも意識しておく必要がある。

2 ｜ 刑法を使って考える

　次に、**Q2**について刑法の考え方で解決策を探っていこう。

（1）店長に名誉毀損罪は成立するか

　店長は、ティンさんが友人とともに狂言強盗をしているのではないかと従業員たちの前で言った。このような場合には、名誉毀損罪（刑法230条1項）が成立する可能性がある。

　名誉毀損罪とは、「公然」と、すなわち不特定または多数の人に対して、被害者の社会的評価（名誉）を低下させるのに十分な具体的な事実を示した場合に成立する。ここでは、示された事実が真実か虚偽かは問わない。

　case では、店長は、店で起きた強盗事件に関して、ティンさんが友人とともに狂言強盗をしたのではないかと言った。店長が述べたこの事実は、真実であるかどうかを問わず、ティンさんの社会的評価を低下させるのに十分な具体的事実である。

　しかし、従業員やアルバイトが不特定または多数の人と言えるかが問題となる。従業員やアルバイトという特定の人間に対して述べている以上、問題となるのは、これらの人々が「多数」と言えるかどうかである。明確な基準が存在するわけではないが、数名程度であれば「多数」とは言えないであろう。

　したがって、**case** では、10人ぐらいの従業員やアルバイトのうち、その場に数人程度しかいなかったのであれば、名誉毀損罪は成立しないであろう。

　なお、店長の言葉が仮にそこまで具体的な事実を述べたものではなかった場合には、名誉毀損罪ではなく侮辱罪（刑法231条）の成否が問題となる。侮辱罪は2022年に法定刑が引き上げられ、1年以下の懲役や30万円以下の罰金も科されることになった。しかし、侮辱罪も名誉毀損罪と同様に「公然」性が要求されるので、**case** では侮辱罪も成立しないであろう。

（2）店長に強要罪は成立するか

　店長はティンさんに対して、給料から5万円を差し引かれたくなかったら土下座をして謝罪するように言った。この場合には、脅迫によってティンさんに義務のないことを行わせたとして、強要罪（刑法223条1項）が成立するかが問題となる。

　強要罪とは、生命、身体、自由、名誉もしくは財産に対して害を加える旨を告知して脅迫し、人に義務のないことを行わせた場合に成立する。害を加える旨の告知（脅迫）と言えるためには、告知する側がその害をコントロールできる立場にあることが必要となる。例えば、「明日地震が来る」といった告知や、「誰かがお前のことを呪い殺す」といった告知は、自分ではコントロールできない事実に関する内容の告知であるため、強要罪は成立しない。

　この **case** では、店長は、ティンさんに対して、給料から5万円を差し引く旨の告知をしている。店長はティンさんに対する給料の支払いを左右できる立場にあることから、こうした告知は、ティンさんの給料債権という財産に対する加害の告知と言える。

　また、実際には強盗に全く関わっていないティンさんには、5万円が奪われたことについて謝罪をすべき法的義務や道義的義務は全くない。それなのにティンさんは謝罪をさせられているので、**case** では店長はティンさんに、義務のないことを行わせたと判断すべきである。したがって、店長には強要罪が成立することになる。なお、被害者に謝罪義務がないのに謝罪を強要するという事件は、強要罪に関する裁判所の判断でもよく見られるものである。

3 ｜ 行政法を使って考える

　最後に、**Q3** について行政法の考え方で解決策を探っていこう。

（1）労働基準監督の仕組み

　1の説明からわかるように、民法や労働契約法の仕組みでは、店長や経営者に未払い賃金の支払いを命じたり、解雇を無効にしたりするといった方法で問題の解決が図られている。

　もっとも、**第1章**で見たように、労働者を保護するためには、これらの方法だけでは不十分なところもある（→33頁）。例えば、今回の件でティンさんが救われたとしても、また別のアルバイトに対して店長が嫌がらせをするかもしれないし、未払いのアルバイト代の支払いなどを求めるためには裁判（民事訴訟）を提起しないといけないので、費用と手間がかかってしまい、最悪の場合には、泣き寝入りする人も出てくるかもしれない。そこで、より抜本的に解決するためには、このような悪質な経営者に対してペナルティを与えて、行いを改めさせる必要があると考えられる。また、弱い立場にある労働者に代わって、悪質な経営者を監視・監督する機関も必要であろう。

　そこで労働基準法は、単に法律違反の契約を無効にするだけではなく、違反をした経営者に刑罰を科すという方法をとっている。一つ例を挙げると、**case** のような賃金未払いについては、労働基準法24条1項の「賃金は、通貨で、直接労働者に、その全額を支払わなければならない」というルールに違反するので、30万円以下の罰金が科されることとなる（労働基準法120条1号）。他にも、労働時間については、原則として週40時間の上限が定められているので（同法32条1項）、これを超えて働かせた場合には、経営者に対して30万円以下の罰金が科される。

　もう一つの特徴は、このような違反を取り締まるために、特別の公務員である「労働基準監督官」が置かれていることである。その仕事内容は通常の警察官（司法警察）と似ているが、特に労働基準法違反の取締りを専門としている。

　より具体的には、労働基準監督官は、違反が疑われている会社（事業者）に対して立入調査（これを「臨検」と呼ぶ）を実施したり、違反者

を逮捕したり捜査を行ったりすることができる。その権限は極めて強力であり、まさに労働者を守るための最後の砦であると言える。

ただし、労働基準監督官の数が少ないために、多くの違反が見過ごされているという現状がある。厚生労働省が発行する「労働基準監督年報〔令和3年版〕」によれば、労働基準監督官の定数は3042人であり、労働基準法違反として検察庁に送検した件数は311件にとどまっている。いわゆる「ブラック企業」を取り締まるためにも、労働基準監督官の数を増やす必要があるかもしれない。

なお、労働基準法違反の行為による被害を受けた労働者は、労働基準監督官等に違反事実を申告して、その是正を求めることができる（同法104条1項）。これを「申告監督」と呼ぶ。**case** の場合、ティンさんは店長の違反行為を労働基準監督官に伝えることで、労働基準監督官に取締りの実施を求めることができる。読者の皆さんも、アルバイト先などで理不尽な目にあったら、労働基準監督官に相談してみてもよいだろう（ただし、労働基準監督官は極めて多忙なので、必ず監督に乗り出してくれるわけでない）。

（2）外国人の就労規制

（1）で述べた労働基準監督の制度は、外国人か日本人かにかかわらず、全ての労働者に対して適用される。しかし、ティンさんのような外国人労働者については、特別の就労規制の仕組みが存在することにも注意しなければならない。

まず、外国人（日本国籍を持たない人）には、憲法上、日本に入国する自由は認められていない。これは「マクリーン事件」と呼ばれる著名な最高裁判決で確立した原則であり、それによれば、外国人を自国内に受け入れるかどうか、また、受け入れる場合にどのような条件をつける

か、という点については、受け入れる国が自由に決定することができるとされている。

　この点、日本では、入管法という法律が制定され、外国人が日本に入国して滞在する際には、行政（法務大臣）から特別の在留許可を得なければならないという仕組みがとられている。これを「出入国管理制度」と呼んでいる。そして、このような仕組みは他の国でも導入されている。

　この出入国管理制度も極めて複雑なものであるが、基本的な仕組みとしては、外国人の申請に応じて法務大臣が審査を行い、一定の条件を満たす場合には在留（日本に滞在すること）が許可され、「在留資格」が与えられる。外国人の地位や職業に応じて様々なタイプの在留資格が用意されているが、ティンさんのように、日本の大学等で学ぶ目的で滞在を求める外国人については、通常は「留学」という在留資格が与えられる。

　在留資格には様々なものがあるが、その一覧は法務省のウェブサイト（https://www.moj.go.jp/isa/applications/guide/qaq5.html）で確認できる。在留資格ごとに資格を得るための条件や活動できる内容が決まっているのが特徴である。例えば、日本人が外国人と結婚して（国際結婚）、その外国人が日本に住む場合には、「日本人の配偶者等」という在留資格を申請することになる。

　さて、この「留学」の在留資格は、あくまで日本で勉強するためのものであるので、原則としてアルバイトなどで働くことはできない。ただし、例外として、「資格外活動の許可」を得た場合には、週28時間を上限として働くことが認められている（なお、学校の長期休業期間中は1日8時間が上限となる）。実際、日本の物価は比較的高いため、多くの留学生は資格外活動で働くことで生計を立てている。

　この労働時間の制限のように、在留資格には様々な制限が存在する。

また、日本に滞在できる期間も決められているので、その期間が過ぎた場合には、新たに在留資格の更新を求める必要がある。

　ところが、このルールに違反して働く外国人や、在留期間が過ぎた後も日本に滞在して働き続ける外国人も少なくない。これを「不法就労」と呼ぶが、今日の日本ではかなり深刻な問題となっている。

　ここで注意してほしいのは、不法就労といっても、それは入管法違反を意味するだけであり、窃盗や詐欺、麻薬の密売といった罪を犯したわけではないということである。経済的な理由から、適法な在留資格を得ないまま日本で働き続ける外国人は少なくないが、そのほとんどは善良な労働者として真面目に働いており、日本の経済発展に寄与していることを覚えておいてほしい。

　不法就労の外国人に対しては、行政（出入国在留管理庁）による取締りが行われる。その手続も極めて複雑なものであるが、簡単に言えば、不法な就労や不法な残留が疑われる外国人について、国外に退去させるか否かを行政（法務大臣）が審査して判断する。場合によっては、逃亡しないように身柄を拘束することもある。これを「退去強制手続」と呼んでいる。

　退去強制手続のフローチャートは、法務省のウェブサイト（https://www.moj.go.jp/isa/applications/procedures/tetuduki_taikyo_taikyo_flow_00001.html）に載っているが、極めて複雑なものであるので、初めのうちは理解できなくて構わない。法学の学習が進んでから学ぶことをおすすめしたい。

　もっとも、国外退去を命じることができるのは、それ相応の重大な違反が認められる場合に限られる（入管法24条）。また、退去強制に相当する違反が認められる場合でも、人道上の観点から、在留が引き続き許可されることもある（これを「在留特別許可」と呼ぶ）。

この点については裁判でもしばしば問題になるが、外国人の生活基盤を守るために、裁判所が国外退去命令の違法性を認めることもある。他方で、不法就労者の数が膨大であることから、行政の取締りが追いつかずに、違反がそのまま見過ごされることもある。

　とはいうものの、退去強制の対象になるおそれがあるという点で、不法就労者の地位は極めて不安定なものである。そのため、雇用主から不当な扱いを受けても警察や行政（労働基準監督署）に相談できず、泣き寝入りせざるを得ない外国人が後を絶たないのである。

　case について言えば、ティンさんは確かに週28時間の上限を超えて働いたので、在留資格の条件に違反したことになる。とはいえ、わずか数時間分の一回限りの違反であるので、通常はこの程度で退去強制が命じられることはない。また、入管法違反とアルバイト代の未払いは別問題であることから、週28時間を超えて働いた分のアルバイト代については、店長がティンさんに支払うべきことは当然である。

　以上のように、外国人の労働をめぐる問題は極めて複雑であり、日本語に不慣れな外国人が理不尽な目にあうことも多いと思われる。読者の皆さんも、アルバイト先などで困っている外国人を見かけたら、この本で学んだ知識を活かして率先して助けてあげよう。

第 **6** 章　生活保護

　　生活保護とは、生活費に困っている人（生活困窮者）に対して、行政が生活費を支給するという仕組みであり、いわゆる「セーフティネット」の一つである。

　　そのルールは生活保護法によって定められているが、生活保護の費用は税金で賄われているので、真に支援が必要な人のみに生活保護を支給するのが原則である。

　　では、具体的にどのような場合に生活保護の支給が認められるのだろうか。第6章では、生活保護に関する基本的なルールを学んでいこう。

case

　ある日、浅川君は、高校時代の友人の峰本君から相談を受けることになった。待ち合わせの場所に浅川君が行くと、少し深刻そうな顔をした峰本君が待っていた。

浅川：久しぶりだね。元気にしてた？

峰本：まあまあだね。俺は元気なんだけど、ちょっと家族にトラブルがあったんだ。

浅川：どうしたんだよ？

峰本：君が大学で法律を学んでいるってことを聞いて、一つ相談に乗ってほしいんだ。

　峰本君によれば、峰本君の叔父の深二さん（父方の弟）が最近事業に失敗したとのことであった。深二さんが経営していた会社は倒産し、深二さんはほぼ無一文になってしまい、日々の生活費にも困るようになったのである。そこで、深二さんは生活保護を受けるために市役所に駆け込んだそうだ。

浅川：生活保護か……。授業で聞いたことがあるぞ。病気や失業、老齢などで生活が苦しくなった人に、行政が生活費を支給する制度のことだね。

峰本：そうなんだよ。あいにく叔父はショックで体調を崩してしまい、他の仕事で働くことも難しいらしいんだ。生活保護だけが唯一の頼みのようなんだ。

浅川：大変だな……。それで叔父さんは生活保護を受けることができたのかい？

峰本：それが……。

その後、市役所から峰本君の父の深一さんに「扶養照会」と題する文書が送られてきて、深一さんが深二さんを援助できるのか、できないとしたらその理由を説明してほしい、といった内容のことが書かれていたとのことであった。

浅川：確かに、家族で助け合いをするのは大事だな。行政としては、まずは兄が弟を助けるのが筋であるということで、峰本君のお父さんに援助をお願いしたわけだ。

峰本：まあ、そういうことなんだ。市役所の言い分は、「とにかく月に４〜５万円でもいいから援助してください。残りの生活費については生活保護で手当てします」といった感じだった。

浅川：それで、峰本君のお父さんは援助することにしたの？

峰本：実は、その件で困っていて……。

　どうやら、深二さんと深一さんは母親（峰本君の祖母）の介護をめぐって険悪な仲になってしまったらしく、ここ数年は口もきいていないそうだ。「親不孝者の深二には１円も送らない！」と深一さんは援助に猛反対していて、峰本君の家族も困っているとのことであった。

峰本：うちもそれほど余裕があるわけではないけど、月４〜５万円なら払えないわけじゃないんだ。叔父さんには子どもの頃よく遊んでもらったから、放っておくわけにもいかないと思ってね。

浅川：そうなんだ……。

Q1 深一さんが反対しているとしても、民法上、深一さんは深二さんを援助する義務を負うのだろうか？

Q2 生活保護とはどのような制度なのか。どのような条件が満たされると生活保護を受給できるのだろうか？

Q3 深一さんが深二さんに援助しなかったために、深二さんの病状が重くなって亡くなったとする。その場合には、深一さんは何らかの刑罰を受けることになるのだろうか？

1 ｜ 民法を使って考える

最初に、**Q1** について民法の考え方で解決策を探っていこう。

（1）生活保護制度と親族間の扶養義務

「生活保護」と聞くと、読者の皆さんはどのようなイメージを抱くだろうか。生活保護の不正受給といったニュースを見て、生活保護に対してあまり良くないイメージを抱いている人もいるかもしれない。もちろん、自分で働いて生活費を稼ぎ、生活保護に頼らない生活を送るのが理想であることは間違いない。しかし、世の中には、様々な理由から生活に困窮してしまい、行政の支援を必要とする人もいる。

この **case** の深二さんも、これまで真面目に働いて頑張ってきたが、経済情勢の悪化や体調不良といった理由から、生活に困る事態に陥ってしまった。そして、残念なことに、このような不幸な事態は誰にでも起こる可能性がある。だから、決して「他人事」とは考えずに、自分や家族、友達がこのような状況になったらどのような支援が必要だろうか、という視点で考えてもらいたい。

さて、生活に困っている人（「生活困窮者」と呼ぶ）を、誰がどのように助けるべきだろうか。一つには、深一さんが深二さんを援助すると

いったように、家族が助けるべきであるという考え方がある。（**2**）で詳しく述べるように、民法はこのような考え方に基づき、親族間で支えあう義務（これを「扶養義務」と呼ぶ）を定めている。

　ここで「親族」という言葉が出てきたが、家族というのは法律概念ではなく、その範囲があいまいなので、家族のうちある程度近い関係にあるものを民法では「親族」と呼んでいる。民法上の「親族」は、6親等内の血族、配偶者、3親等内の姻族とされる（725条）。「親等」というのは家族としての近さを測る単位で、世代数を数えるルールと、傍系の場合には同一の祖先にさかのぼるというルールでできている（726条）。例えば、親と子は1親等、祖父母と孫は2親等というふうに世代数を数える。また兄弟姉妹同士は2人とも1親等ずつさかのぼると、いとこ同士は2人とも2親等ずつさかのぼると共通の祖先にたどり着くので、それぞれ2親等と4親等ということになる。また「血族」というのは血のつながった関係、「姻族」というのは婚姻により結びついた関係である。

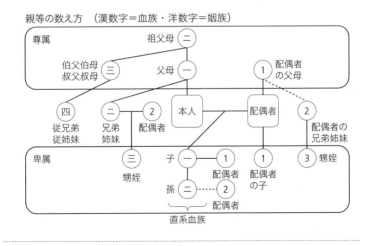

親等の数え方　（漢数字＝血族・洋数字＝姻族）

もっとも、家族が支えるといっても、家族にも十分な余裕がなかった

り、そもそも家族がいなかったりすることもある。そこで、社会全体で生活困窮者を支える仕組み（これを「セーフティネット」と呼ぶ）が必要となってくるが、その代表例が生活保護である。これは、病気やケガで働くことができなくなったり（稼働能力の喪失）、貯金や不動産といった資産がなくなったりして、衣食住の費用を支払えなくなった場合には、行政（地方自治体）が生活費を支給するという制度である。その費用は税金によって賄われるので、例えば、読者の皆さんが日々の買い物の際に支払っている消費税の一部も、この生活保護のために用いられている。

　詳しい説明は後でするとして、そもそも、このようなセーフティネットは必要なのだろうか。極端な話をすれば、「生活困窮者を行政が救う必要はない。あくまで家族や民間の支援団体などが救うべきである」という考え方もないわけではない。しかし、日本国憲法25条は、「すべて国民は、健康で文化的な最低限度の生活を営む権利を有する」と生存権の保障を定めている。そのため、セーフティネットが一切存在せず、最低限度の生活が保障されない場合には、この憲法25条に違反する疑いが出てくる（この点に関する著名な裁判例として「朝日訴訟」がある）。言い換えると、憲法は、ある程度のセーフティネットを設けることを国会や行政に求めているのである。

　とはいえ、具体的にどのような場合にどれだけの生活保護を支給するのかといった点は、その時々の国会や行政、裁判所の判断によって決まってくる。**case** でも、深二さんが生活保護を受給できるか否かは、様々な要因によって変わってくるが、特に深一さんによる援助の有無がここでは問題になる。

（2）扶養義務の内容について

　まず、民法が定める扶養義務について詳しく見ておこう。民法877条によると、直系血族及び兄弟姉妹は、互いに扶養義務を負っている。

つまり、自分の両親、祖父母、子、孫、兄弟姉妹らが生活に困っている
とき、その人を助ける義務があり、反対に自分が生活に困っているとき
には、こうした親族に助けてもらえるように求めることが認められてい
る。さらに、家庭裁判所は、特別の事情がある場合には、3親等以内の
親族には扶養義務を負わせることができる。扶養義務を負う人が複数い
る場合には、当事者間の協議によって、協議が調わないとき、または協
議することができないときは家庭裁判所によって、扶養の順位が決定さ
れる（民法878条）。

　扶養の程度や方法を定めている民法879条によると、当事者間で協
議が調う場合には、そこで決まった程度と方法によるが、協議が調わな
いとき、または協議をすることができないときは、家庭裁判所がその程
度及び方法を決めるものとしている。家庭裁判所が扶養の程度と方法を
定める場合、民法879条によれば、家庭裁判所は、扶養権利者の需要、
扶養義務者の資力その他一切の事情を考慮するものとされているのだが、
その具体的な内容については定められていない。

　一般的には、ここでの扶養というのは、義務を負う人が自らの社会的
地位や収入などにあった生活をした上で、余力が生じた限度で分担すれ
ばよいとされている。つまり、親族が生活に困っていたとしても、自分
の生活レベルを落としてまで、親族を助ける義務はなく、最低限の生活
を支援する義務だけが親族間には発生すると考えられている（これを
「生活扶助義務」と呼ぶ）。これに対して、夫婦間の互いの扶養や、親権
者の未成熟子に対する扶養は、その質及び程度が異なると言われている。
具体的には、互いの生活を同等のものに保持する義務であるとされてい
る（これを「生活保持義務」と呼ぶ）。このことを直接規定する条文は
ないが、夫婦は同居し、互いに協力し扶助する義務があるとされている
こと（民法752条）、成年に達しない子は父母の親権に服し（同法818
条1項）、親権者は子の監護教育の義務を負うこと（同法820条）など
から、このように考えられているのである。

case では、峰本君の父の深一さんは、峰本君の叔父の深二さんと兄弟なので、扶養義務者となる。ただし実際には、扶養の順位や程度、方法が決まって、初めて深一さんが深二さんに対してしなければならないことが定まることになる。

（3）家庭裁判所の役割

　いずれにしても、深一さんは深二さんを助けたいとは思っていない。二人の間で話し合いがまとまらなければ、深二さんが深一さん（またはその他の親族）に扶養を求めるには、裁判所の介入が必要となる。

　家族内・親族間のトラブルは、通常の民事裁判手続とは少し異なる。こうしたトラブルは、感情的な対立が背景にあることが多く、プライバシーに配慮する必要もあるからである。そこでこうした親族内の紛争（これを「家事事件」と呼ぶ）を専門に扱う家庭裁判所では、公開が原則の通常の裁判手続と異なり、非公開の場での話し合いが重視される。また、通常の民事裁判では、裁判所は原告と被告の主張のみを聴いて判断を行うが、家庭裁判所は独自に調査を行うなどした上で判断を行う。

　深二さんはまず、家庭裁判所に扶養の順位や程度、方法について、調停の申立てを行い、深一さんらの扶養義務者との話し合いと合意による解決を目指すことになる。調停が成立しない場合、家庭裁判所は当事者双方に配慮し、あらゆる事情を考慮して、調停に代わる審判を行うことができる。このように、家事事件におけるトラブル解決では、裁判所はまず当事者間の話し合いによる解決をすすめ、それがうまくいかない場合にのみ自ら判断するという手続をとっている。

2 ｜ 行政法を使って考える

　次に、**Q2** について行政法の考え方で解決策を探っていこう。

（1）家族による支援から行政による支援へ

1で説明したように、民法では、扶養義務に基づき親族の間で助け合いをすることで、生活困窮者を助けるという方法がとられている。ところが、扶養してくれる親族がいない場合や、親族が十分な資産を持っていない場合には、この助け合いの仕組みが機能しなくなってしまう。実際、今日の社会では、核家族化が進行し、親族間のつながりが希薄になっていることから、このような場合が増えているようである。

そうすると、親族間の扶養だけでは、この問題を解決することは極めて難しいと言える。そもそも、民法の扶養義務の制度は、大家族が基本であった20世紀前半であればまだ機能したかもしれないが、その後の社会構造の変革により、今では有効なものではなくなっている。そこで、行政（国や地方自治体）が親族に代わって生活困窮者を支援する、という公的な支援制度が導入されたのである。

その代表例として「生活保護」があるが、その他にも、高齢者や病気の人、障害者、子育て世帯といった社会的弱者を支援するための制度が多数設けられている。これらをまとめて「社会保障制度」と呼んでいる。例えば、子育て世代に対する支援であれば、行政（市町村）が保育所の設置・運営を支援するために補助金を支出している。もし行政の支援がなければ、十分な数の保育所を設置・運営することができなくなる上に、保育所に子どもを預けるために保護者は今よりもはるかに高い費用を払わなければならなくなるだろう。

このように、社会保障制度は弱い立場にある人にとって不可欠であるので、できる限り充実させる方が望ましい。とはいっても、そのためには膨大な費用がかかることから、税金を引き上げる必要も出てくる。しかし、あまりに税金を引き上げすぎると、今度は経済活動が停滞したり、納税者の不満が高まったりするので、社会保障に関する給付と負担のバランスを考えなければならない。

ここで、問題をより良く理解するために生活保護に関する数字をいく

つか挙げておこう。まず、１年間で支給される生活保護費の総額は、約
３兆7000億円（2021年度）で、受給者数は約203万人（約163万
世帯）である。そのうち、60歳以上の者が半数を占めている。近年で
は、景気が回復しているので失業を原因とする受給者は減ってきている
が、高齢者の割合は増えており、受給者数は過去最高に達している。

　また、コロナ危機が起きた直後（2020年前期）には、厳格な感染防
止対策がとられたことから、経済が著しく低迷し、多くの失業者が出た。
その際にも、緊急に生活保護を支給することで国民の生存権が守られた。
このように、想定外の危機に備えることも生活保護の重要な役割である
ことを覚えておこう。

　もちろん、これらの数字は生活保護の実態のごく一部を示すに過ぎな
いので、生活保護の是非を判断する材料としては不十分である。その上、
「３兆8000億円」といっても、あまりに膨大な金額であるために、実
感が湧かないかもしれない。

　ちなみに、国民一人当たりに換算すると約３万2000円になる。皆さ
んが納めている税金のうちこの金額が生活保護に使われていることにな
る（もちろん、会社や企業が払う法人税などの税金も使われている）。

　　法学部の１年生にこの約３万2000円という金額を示したところ、こ
　の程度の金額であれば妥当なのではないかという意見がほとんどであっ
　た。最近の学生気質として、社会的弱者に対して優しい政治が必要であ
　ると多くの学生は感じているらしく、生活保護についても、不正受給な
　どには厳しく対処してほしいが、制度それ自体は必要不可欠であり、そ
　の金額を減らさないでほしいという意見が多数派のようである。

（2）生活保護の具体的な仕組み

　本題に入ると、これから説明するように、生活保護の受給には厳しい
条件が定められている。もしかすると、生活保護は誰でも簡単に受給で

きるという誤ったイメージを持っている人もいるかもしれないが、現実には、生活保護の不正な受給を防ぐために、行政が厳しい審査を行っている。そして、その審査の基準は「生活保護法」で定められている。その内容は極めて難しいので、ここでは重要な条文だけを取り上げよう。

　まず、生活保護法4条1項を見ると、生活保護の基本原理として、「保護は、生活に困窮する者が、その利用し得る資産、能力その他あらゆるものを、その最低限度の生活の維持のために活用することを要件として行われる」と書かれている。この条文を簡単に説明すると、「資産」や「能力」、「その他あらゆるもの」を活用して、それでも生活費が足りない場合にのみ、生活保護が支給されるということである。これが「補足性」と呼ばれる原理である。

　例えば、貯金が100万円残っている場合には、その100万円を使い切った後でなければ生活保護を受給できない。また、働いて月5万円を稼ぐことができる場合には、まずは働いて稼ぐことが求められる。その他、年金を月3万円受給できる場合には、まずその3万円を使って生活して、不足分だけ生活保護が支給されることになる。

　次に、生活保護法8条1項と2項を見てみよう。これらの規定は保護の基準、つまり、生活保護の支給額の算定基準を定めている。受給者の年齢、性別、世帯構成、所在地域などを総合的に考慮して、「最低限度の生活の需要」を満たすだけの金額が支給される。

　一口に生活困窮者といっても、都市に住んでいる母子家庭の世帯と地方に住んでいる独り暮らしの高齢者とでは、必要な生活費は変わってくる。そこで行政は、それぞれの事情を踏まえて支給額を適切に算定しなければならない。

　その他にも、様々な細かい基準が定められているが、これらは生活保護法には書かれていないことに注意する必要がある。生活保護に限らず、通常、制度の基本的な仕組みは国会が法律で定めるのに対して、その詳細な内容は行政が政令・省令や通知・通達によって定めている。生活保

護については厚生労働省がこの役割を担っている。これは、細かい仕組みまで法律で定めてしまうと、制度の概要がわかりにくくなる上に、臨機応変な改正が困難になってしまうからである。

　政令・省令や通知・通達は、行政機関が定める法規範であることから、「行政立法」と呼ばれている。制度の詳細な仕組みはこれらの行政立法によって形作られているので、法律を読むだけでなく、行政立法にも目を通す必要がある。

　生活保護法についても、国会が生活保護法で基本的な仕組みを定めると同時に、行政（厚生労働省）が詳細なルールを定めている。その例として、「生活保護法による保護の実施要領について」（1963年4月1日）（社発第246号）と題する通知がある。とても長い通知であるので、その全部を読むのは大変であるが、この通知によって生活保護の支給基準や手続などが細かく定められていることを覚えておこう。

　もっとも、このような仕組みに問題はないのだろうか。行政が恣意的に通知を変更して、生活保護の支給条件を厳しくしたり、支給額を不当に削減したりすれば、生存権を保障するために国会が生活保護法を定めた意味がなくなってしまうのではないだろうか。

　そこで、憲法や生活保護法に反して不当に生活保護が削減された場合には、受給者は裁判所に訴えてその是正を求めることができる。行政の横暴に対する歯止めとして裁判所が存在することを覚えておいてほしい。

（3）親族による扶養と生活保護の関係

　では、**case** のように、生活保護の支給の可否を決める際に、行政が「扶養照会」を発して親族に援助を求めることは、生活保護法に照らして適法と言えるのだろうか。条文をもとに考えてみよう。

　生活保護法の条文はとても長い上に、その内容も複雑であるので、関

係する条文を探すのは難しいかもしれない。本来、生活保護法の中から関連する規定を見つけ出すのも重要な勉強であるがここでは先に答えを教えると、生活保護法４条２項の「民法（…中略…）に定める扶養義務者の扶養及び他の法律に定める扶助は、すべてこの法律による保護に優先して行われるものとする」という定めが関係してくる。

この規定の意味を掴むことはそれほど難しくないだろう。要するに、まずは親族が扶養義務に基づき援助を行わなければならず、それが不可能な場合や、親族の援助だけでは必要な生活費が得られない場合に、初めて生活保護が支給される、ということである。

また、もう一つ注目すべき規定として、生活保護法77条１項がある。この規定によれば、扶養義務を負う親族が援助を怠っている場合には、行政は強制的にその親族から費用を徴収することができる。つまり、その親族の財産や貯金を強制的に取り上げて、生活保護の費用に充てることができるのである。ただし、その際には家庭裁判所への申立てが必要となるので、実際にはあまり用いられていないようである。

したがって、この **case** では、行政が深一さんに対して深二さんへの援助を求めたこと自体は、４条２項に基づく適法な行為だと言える。

ただ、次に問題となるのは、親族が援助を拒否した場合に、それを理由として行政が生活保護の支給を拒否できるか、ということである。

実際の生活保護の実務では、このような理由から行政が生活保護の支給を拒否する慣行もあったと言われているが、結論から言えば、行政は生活保護の支給を拒否してはならないと解されている。つまり、まずは生活保護を支給した上で、先に挙げた生活保護法77条などを用いて親族に扶養義務の実施を求めていくのが筋なのである。この点、厚生労働省が出した通知によれば、扶養が保護の条件であるかのような説明を行い、その結果、保護の申請を諦めさせるようなことがあれば、これも申請権の侵害に当たるおそれがある、と地方自治体に注意を促している。

確かに、親族からの援助は確実なものではないため、生活保護を支給

しないと、生活困窮者の生活が極めて不安定なものになってしまう。ま
た、いくら親族といっても、本人との関係が極めて悪い場合もあるので、
親族に援助を求めることは不可能を強いることになりかねない。

　そこで、上で挙げた厚生労働省通知では、親族に十分な経済的余裕が
あり、両者の関係が良好である場合や、扶養を求めることが社会通念上
妥当であると考えられる場合などに限って、扶養を求めることが望まし
いとしている。

　では、**case** の場合はどのように考えるべきだろうか。行政としては、
深一さんが援助を拒んでいるとしても、深二さんに対してまずは生活保
護の支給を認めなければならず、その上で、深一さんに対して支援を求
めることができる。具体的には、深一さんが月4〜5万円程度であれば
負担できることから、その範囲で援助をしなければならない。もちろん、
母親の介護問題をめぐって二人の関係が悪化したという事情があるが、
このぐらいの関係性では援助の義務が免除されることはないだろう。そ
れでも深一さんが援助を断るのであれば、家庭裁判所の審判で支払いが
義務付けられることになる。

3 │ 刑法を使って考える

　最後に、**Q3** について刑法の考え方で解決策を探っていこう。

（1）作為と不作為

　case では、深一さんは弟の深二さんに対する一切の経済的な支援を
拒んでいる。その結果、深二さんが重病になって亡くなった場合、深一
さんには何らの犯罪も成立しないのであろうか。このように、「何もし
ていない」深一さんに、犯罪が成立することがあるのかが問題となる。

　刑法では、一定の作為（積極的に何かをすること）によって何らかの

結果を発生させることを原則として処罰の対象としている（これを「作為犯処罰の原則」と呼ぶ）。例えば、殺人罪では、ナイフで人の胸を刺す、ピストルで頭を撃つといった作為によって、人を故意に殺害することを、あらゆる人に対して禁止している。これに対して、死にそうな人を故意に放置するような場合を「不作為」と言うが、不作為によって人を殺すこと（これを「不作為犯」と呼ぶ）を、殺人罪ではあらゆる人に対して禁止していると言えるのであろうか。

　もしそうだとすれば、自分とは全く関係のない人であっても、その人が死にそうである場合、その人を助けない場合には殺人罪が成立することになる。しかし、この考え方を徹底すると、干ばつが長く続いている国に住んでいる飢えで苦しんでいる人々を助けない場合には、常に殺人罪が成立することになるだろう。

　そこで、刑法では、あらゆる「不作為」が処罰の対象となるのではなく、一定の作為を行うべき立場にある人（これを「保障人」と呼ぶ）の不作為のみが処罰対象とされている。そして、親が子どもに対して食事を与えずに故意に餓死させるような場合には、親という「保障人」、つまり、食事を与えるべき立場にある人が、食事を与える義務（これを「作為義務」と呼ぶ）を守らずに食事を与えなかったことで、子どもが死亡したとして、殺人罪の成立を認めるのである。

（2）保護責任者

　それでは、故意に死なせるのではなく、**case** のように、病気の深二さんに対して必要な支援を行わなかった結果、深二さんが亡くなった場合はどうなるであろうか。このような場合を規定するのが、保護責任者遺棄（致死）罪（刑法218条・219条）である。保護責任者遺棄罪は、病気の人などを「保護する責任のある者」がその人を遺棄したり生存に必要な保護を与えなかったりした場合に成立する犯罪である。**case** の場合、病気の深二さんに対して、必要な支援をせず、その結果として深

二さんが重病になって亡くなったのだから、深一さんには保護責任者遺棄致死罪が成立するのではないか。

保護責任者遺棄（致死）罪が成立するための最も重要な条件は、深一さんが「保護責任者」であるかどうかである。「保護責任者」というのは、生存に必要な保護を行う責任を負うべき立場にある人を指し、不作為犯での保障人と基本的には同じことが当てはまる。「保護責任者」と保障人とは同じように考えればよい。つまり、被害者の生存に必要な保護を行う義務（作為義務）を負う立場にあるかどうかが問題となる。

それでは、どのような場合に、こうした作為義務を負うのであろうか。何もしていない人がいきなりこうした重大な義務を負わされるというのは、あまりに負担が大きすぎる。読者の皆さんも、見知らぬ人が自宅の近くの公園で倒れているところに通りかかったとして、救急車などを呼ばないでその人が亡くなった場合に、倫理的な問題は別として、保護責任者遺棄致死罪で処罰されるというのには到底納得できないであろう。人が生きるために必要な保護を行う義務というのは極めて重く、そのような重大な義務を課すためには、それ相応の理由がなければならない。例えば、一人では生活のできない子どもと親の関係であるとか、あるいは病院などで医師や看護師が患者の保護を引き受けているといった、義務を負わされる者と保護される者との間に一定の緊密な関係がある場合に、初めて保護責任があるものとされる。

こうした観点からすると、**case** では、深一さんは深二さんと兄弟であり、民法上の扶養義務（民法 877 条）は負う。しかし、例えば、深一さんが深二さんと同居して深二さんが生きていくために必要な面倒を見るといった義務を負うものではない。というのは、保護責任というのは、一定の緊密な関係が事実として存在することによって生じるものであり、こうした緊密な関係が深一さんと深二さんの間には存在しないからである。したがって、深一さんは深二さんの「保護責任者」とは言えず、保護責任者遺棄致死罪も成立しないことになる。

第 7 章　不法投棄

　「不法投棄」という言葉を聞いたことがあるだろうか。環境に悪影響を及ぼさないように、ゴミ（廃棄物）は適正な手続で処理されなければならないが、ときとして、悪質な会社が他人の土地に無断でゴミを放置したりすることがある。このような違法なゴミの放置を「不法投棄」と呼んでいる。不法投棄は法律で厳しく禁止されているものの、実際には行政の監視の目を逃れて不法投棄が度々起こっている。第 7 章では、このような不法投棄の問題を取り上げよう。

case

　ある日、尾谷君はサークルの同級生の大岡さんから相談を受けた。

大岡：尾谷君、実は折り入って話したいことがあるのだけど……。

尾谷：何、どうしたの？

大岡：実は私の実家の話なんだけど……。私の祖父は先祖代々伝わ
　　　る山林を持っていてね。でも最近、そこにいろんなゴミが放
　　　置されるようになったの。

尾谷：聞いたことあるぞ、不法投棄ってことだね。

大岡：そうなの。壊れた冷蔵庫とかコンクリートのブロックとか古
　　　いタイヤとか。とにかくゴミだらけになっちゃって、見た目
　　　にもかなり汚いし、何とかしないといけないの。

　大岡さんの話によれば、数か月前から、大岡さんの祖父の林蔵さ
んが所有する山の中に粗大ゴミが捨てられているそうだ。どうやら
人の目が届かない深夜に、ダンプカーでゴミが運ばれてきたらしい。
林蔵さんは既に警察に相談して、警察も犯人を捜しているが、全く
手がかりが掴めないそうだ。

尾谷：早く犯人が見つかるといいね。でも、捨てられたゴミをどう
　　　やって片づけたらいいのだろう？

大岡：それを尾谷君に相談したかったの……。犯人が見つからない
　　　と、祖父が片づけの費用を負担しないといけないのかな？
　　　調べてもらったら、200万円近い費用がかかるみたい。

尾谷：200万円……それはすごい額だな。どうすればいいのか、少
　　　し調べてみるから、2、3日待って。

大岡：お願いね！　頼りにしているからね！

Q1 その後、不法投棄をしたのは、産業廃棄物処理業者の定平興業の従業員であることが判明した。林蔵さんは定平興業にゴミの撤去を要求できるだろうか？　また、その際にはどのような訴えを起こせばよいだろうか？

Q2 行政（都道府県）はこのような不法投棄について、どのような対策をとることができるだろうか？

Q3 行政（都道府県）が対策を実施しない場合、林蔵さんは行政に対して、不法投棄されたゴミの撤去を要求できるだろうか？

Q4 不法投棄に対する刑罰にはどのようなものがあるだろうか？

1 | 民法を使って考える

　最初に、**Q1** について民法の考え方で解決策を探っていこう。

（1）ゴミと法律

　case のように、不法投棄は山間部で深刻な問題となることが多いが、都市部でも頻繁に起こっている。例えば、近所の空き地に、「不法投棄禁止」と書かれた看板を見かけたことがあるかもしれない（118 頁の**図表 2**）。

　ゴミの不法投棄は、悪臭を発生させたり、地下水を汚染したり、景観を損ねたりして、生活環境を著しく悪化させるので、法律によって厳しく取り締まることが必要になる。ただ、一口に法律による解決といっても、民法と行政法、刑法では、その解決策が大きく異なっている。

図表2 不法投棄禁止の看板の例

まず、行政法と刑法による解決について説明すると、**図表2**の看板に「不法投棄は法律により罰せられます（5年以下の懲役又は1千万円以下の罰金）」と書かれているように、刑罰によって不法投棄を防ごうとしていることがわかる。

ここで言う「法律」とは、「廃棄物の処理及び清掃に関する法律」のことであり、行政法に属する法律の中でも、重要度が高い法律である。随分長い名前なので、短く「廃掃法」や「廃棄物処理法」と略されることが多い。

簡単に言うと、この廃掃法とは、人々の生活環境を守るために、ゴミを捨てたり、燃やしたり、埋めたりするときのルールを定めるものである。その定めによれば、ゴミは適正にリサイクル（再利用）されなければならないし、リサイクルできない場合には適正に埋め立てられなければならない。逆に、ゴミを山林に放置することは廃掃法に違反するので、行政（都道府県）が取り締まることとされている。

困ったことに、廃掃法の内容は極めて複雑かつ難解なので、法学の上級者でもその詳細を理解することは難しい。ただ、その基本的な仕組みやルールはそれほど難しくないので、初学者でも十分理解できるだろう。

（2）民法による解決

　次に、民法による解決について説明する。林蔵さんの土地に捨てられたゴミはその土地の利用を妨げていることから、林蔵さんの所有権（物や土地を自由に利用できる権利）が侵害されていると言える。そこで、林蔵さんは不法投棄をした定平興業に対して、所有権に基づく「妨害排除請求」として、ゴミの撤去を求めることができる。もっとも、不法投棄をした会社が見つからなかった場合には、この方法をとることはできない。

　ここで言う妨害排除請求とは、土地の所有者などが、土地の利用を妨げている原因（**case** では、不法投棄されたゴミ）を排除することを求めることである。民法では条文としては載っていないが、裁判例によって、所有者には妨害排除請求をすることが認められている。

　ただし、この妨害排除請求による解決策にも限界がある。詳細は 2 で説明しよう。

（3）所有権の効力

　さて、定平興業が不法投棄の犯人であることがわかった場合、林蔵さんは定平興業に対してゴミの撤去を要求できるだろうか。これは、市民が市民に対して行為を請求する場合なので、民事裁判の問題になる。

　林蔵さんは山林の所有者であり、山林の所有権を持つ。そこで、所有権があるというのはどういうことかをまず知っておこう。

　民法 206 条は、所有権の基本的な効力を定めている。条文には、「所有者は、法令の制限内において、自由にその所有物の使用、収益及び処分をする権利を有する」とある。つまり所有権があるとは、ある物について、どのように使用してもよく、それを利用して利益を上げるのも自由であるということ、さらに、その物を廃棄することもできるし、他人に売却することも自由であるということを意味しているのである。

　このように民法は、所有権を持つ人（所有者）に強力な権限を与えて

いる。そして、この権利が侵害されているという場合には、所有者は、侵害行為を排除する権利が与えられている。これを「物権的請求権」と言う。大きく3種類の請求ができるとされている。

一つ目は、所有物の使用を妨害されているようなときに、妨害の停止を請求することである。例えば、あなたの自転車に友達がチェーンキーをつけて、あなたが乗ることを邪魔しているとしよう。このとき、所有者であるあなたは、友達に対してチェーンキーの撤去を請求できる（チェーンキーを勝手に切断したりしてはいけない。それは友達の〔チェーンキーの〕所有権の侵害になる）。

二つ目は、所有物の使用を妨害されそうなとき、妨害の予防を請求することである。例えば、友達があなたの自転車を勝手に何度も使っていて、これからも使おうとしているという場合を考えてみよう。このとき、あなたは裁判所に訴えることで、友達が将来的に自転車を使わないように命ずる判決を得ることができる。既に起こった妨害をやめさせるだけでなく、将来の妨害行為を禁止することもできる点が重要なポイントである。

三つ目は、物の返還を請求することである。**プロローグ**でも触れたように、例えば、あなたの自転車を友達が勝手に持っていってしまったとき、あなたは友達に対して自転車を返すように請求することができる（→8頁）。

case では、林蔵さんの所有する土地の上に定平興業がゴミを放置している。これは、林蔵さんの土地の使用を妨害する行為だから、一つ目の妨害排除請求が可能である。つまり、林蔵さんは、裁判所に訴えることで、裁判所から定平興業に対して、放置したゴミを撤去するように命ずる判決を出してもらうことになる。

しかし、場合によっては、林蔵さんが自分でゴミを撤去して、定平興業にその費用（200万円）を請求する方が早く片づけられる場合もある。その場合には、林蔵さんはゴミの撤去にかかった費用を、自分の所有権

を侵害されたことによる損害として、定平興業に対して損害賠償請求を
していくことになる（**第3章**で見たように、これは不法行為に基づく
損害賠償請求の一種である）（→58頁）。

（4）放置物に所有権はあるか

　（3）のように、所有者は、所有権を侵害する人に対して、侵害行為
を除去する権限を持つのである。だから、**case** の林蔵さんは定平興業
に対して、土地の所有権に基づいてゴミの撤去を請求できるわけである。
ここまでは問題はない。普通は、これで解決できる。問題は、定平興業
の所有権を考慮しなければならない場合である。

　例えば、定平興業の放置した物が、まだ動きそうな自動車だったとし
よう。この場合でも、林蔵さんは定平興業が自動車を放置したことで、
自分の土地の使用を妨害されている。だから、林蔵さんは定平興業に自
動車の撤去を請求することができるし、定平興業が自主的に撤去に応じ
ない場合、自動車を林蔵さんの土地からどかして、その費用を定平興業
に請求することはできる。ここまでは同じである。

　しかし、仮に定平興業はこの自動車をゴミとして放置したのではなく、
駐車していたのだとしよう。場合によっては、定平興業は林蔵さんが勝
手に自動車を持ち出したとして、自動車を返せと請求するかもしれない。
なぜなら、定平興業は自動車の所有者であり、所有者に無断で物を持ち
出した人に対して、返還請求ができるからだ。

　そうすると、もし林蔵さんが撤去した自動車を、例えばそばの田んぼ
に放り込んだりとすると、定平興業は林蔵さんに対して、自動車を田ん
ぼから引き上げて返せと請求してくる可能性もある。自動車が使い物に
ならなくなっていれば、自動車の価値に当たる金額の損害賠償を請求さ
れるおそれもある。そのため、林蔵さんは自動車を撤去するとしても、
定平興業の返還請求に応じられるように保管しておく必要がある（その
保管費用は定平興業に損害賠償請求ができる）。このように、所有者が

自己の所有権を侵害された場合には、その侵害行為を取り除くことができるが、その除去行為が、他人の別の所有権を侵害しないように注意を払う必要があるのである。

　ここでのポイントは、定平興業が放置した物に、定平興業の所有権があるということだ。通常のゴミは、所有権が放棄されている（所有者は所有物を処分できる）。だから、定平興業から林蔵さんに対して所有権に基づく請求が行われる事態を考える必要はない。ただ、物の所有権が放棄されているかどうかは状況的にわからないから、ゴミかどうかがわからない物を勝手に廃棄などすると、その物の所有者から損害賠償などの請求をされる可能性があるわけである。

　では、所有権が放棄された物は、どうなるのだろうか。所有者がいない物は、「無主物」と呼ばれる。無主の不動産（例えば、海底が隆起してできた土地）は、国家の物となる。これに対して、不動産以外の物（これを「動産」と呼ぶ）は、最初にその動産を所有する意思を持って占有を始めた人が所有権を取得する。だから、定平興業が所有権を放棄した自動車を、林蔵さんが所有の意思を持って乗り始めれば、林蔵さんが新たな自動車の所有者になることができる。

　ただ、遺失物や埋蔵物については、遺失物法によって所有者が決まる。仮に、定平興業が林蔵さんの土地の上に物を「落とした」場合には、定平興業の所有権は失われていない点に注意する必要がある。

2 ｜ 行政法を使って考える

　次に、**Q2**、**Q3** について行政法の考え方で解決策を探っていこう。

（1）廃掃法の仕組み

　ここでは、廃掃法に基づく不法投棄の解決方法について説明しよう。

そもそも、ゴミといっても様々な物があるが、廃掃法では、粗大ゴミや燃え殻といった不要物のことを「廃棄物」と定義している。そして、これらのゴミを分別したり、燃やしたり、破砕したり、埋めたりする施設のことを「廃棄物処理施設」と呼んでいる。

また、大まかにわけると、廃棄物には「一般廃棄物」と「産業廃棄物」の二つがある（図表3）。一般廃棄物とは、家庭から出た生ゴミやプラスチックゴミ等であるのに対して、工場や企業から生じた廃棄物のうち、特に有害な物を産業廃棄物と呼んでいる。通常、不法投棄でより問題となるのは産業廃棄物なので、ここからは産業廃棄物に関するゴミ処理のルールを説明しよう。

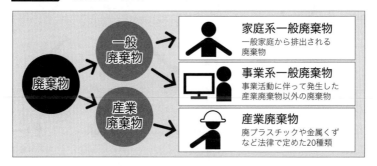

図表3 ▶ 廃棄物の分類

家庭系一般廃棄物
一般家庭から排出される廃棄物

事業系一般廃棄物
事業活動に伴って発生した産業廃棄物以外の廃棄物

産業廃棄物
廃プラスチックや金属くずなど法律で定めた20種類

もちろん、「有用な資源」と「不要な廃棄物」の違いは明確ではないので、ある物が「廃棄物」に当たるか否か、といった問題が起きることもある。また、産業廃棄物と一般廃棄物の区別も、必ずしも明確ではないことに注意しておこう。

産業廃棄物にもいろいろな物があるので、その量や性質・危険性に応じた対策が必要になってくる。当然のことであるが、工場などから排出される廃液や化学物質のように、極めて有害な物については厳重な対策

が必要になる。例えば、有害な煙が出ないような特殊な焼却炉で燃やしたり、地下水を汚染しないような特別のゴミ捨て場（これを「最終処分場」と呼ぶ）に埋めたりしなければならない。

　同様に、林蔵さんの土地に不法投棄されたコンクリートのブロックや古タイヤについても、それほど有害な物ではないとはいえ、やはり適切にリサイクルしたり、燃やしたりした上で、最終処分場に捨てなければならない（図表4）。

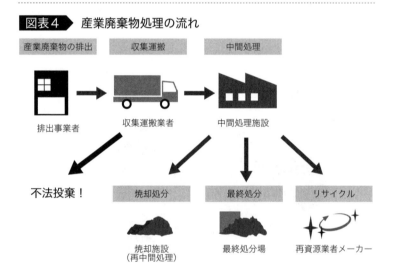

図表4　産業廃棄物処理の流れ

産業廃棄物の排出　　　収集運搬　　　　中間処理

排出事業者　　　収集運搬業者　　　中間処理施設

不法投棄！　　　焼却処分　　　　最終処分　　　　リサイクル

焼却施設　　　　　最終処分場　　　再資源業者メーカー
（再中間処理）

　最終処分場では、山間部の谷間をコンクリートなどで覆って、その上に廃棄物を捨てている。廃棄物はここで半永久的に保管されるので、これを「最終処分」と呼ぶ。処分場の出口部には、地下水や河川が汚染されないように、有害な排水を回収して処理する設備が設けられている。

　このように、廃棄物は、①収集・運搬、②中間処理（リサイクルや焼却）、③最終処分（埋め立て）、といった一連の過程を経て処理されるが、その全てに廃掃法のルールが定められており、適正な処理が義務付けら

れている。

　もう少し詳しく説明すると、例えば、最終処分場などを建設する際には、事前に行政（都道府県知事）の許可を得なければならない。最終処分場が環境に悪影響を及ぼすおそれがないか、行政が事前にチェックするのである。もちろん、許可を得ないまま勝手に建設を始めたり、十分な安全性を有しない処分場を建設したり、埋め立て後に廃棄物を適正に管理しなかったりすると、廃掃法違反として処罰される。

　このように、廃掃法の下では、廃棄物処理の過程で環境に悪影響が生じないように、行政が日々監視をしている。近年では、不法投棄などの問題が深刻になっているので、違反者に対する刑罰を重くするなどの対策もとられている。皆さんの生活や自然を守るために、廃掃法が活躍していることを覚えておこう。

（2）不法投棄問題

　廃掃法の仕組みは非常に複雑であるので、現時点では正確に理解できなくても構わない。重要なことは「ゴミを捨てるのも簡単ではない」ということである。廃掃法に基づき厳格なルールが定められており、このルールを守るために膨大な費用がかかるため、廃棄物を捨てることが事業者や個人にとって重い負担になっているのである。

　例えば、古い家を解体して新しい家を建てるとしよう。その工事の際には、木材やプラスチック、金属やコンクリートといった産業廃棄物が出てくる。これらを適正に廃棄するためには、収集・運搬や最終処分にかかる費用も含めると、かなりの費用が必要になってくる。しかし、廃棄物を不法投棄してしまえば、この費用を払わなくて済むので、悪質な事業者が不法投棄に手を染めてしまうのである。

　古家を解体して産業廃棄物（木材や金属など）を生じさせた事業者のことを「排出事業者」、依頼を受けて廃棄物を運ぶ事業者のことを「収集

運搬業者」と、それぞれ呼ぶ（124 頁の**図表4**）。本来であれば、収集運搬業者は適正な中間処理をした上で、最終処分場に廃棄物を運ばなければならないが、不法投棄に及ぶ悪質な事業者が稀に出てくるのである。

case でも、悪質な事業者である定平興業が、処理費用を免れるために不法投棄をしたと推測される。そして、廃掃法 16 条は、「何人も、みだりに廃棄物を捨ててはならない」と定めているので、この不法投棄も廃掃法による取締りの対象となる。そこで、林蔵さんは行政（都道府県）に対策を要請できると考えられる。

では、要請を受けた行政は、どのような対策をとるべきか。廃掃法によれば、不法投棄が生活環境を悪化させる場合には、不法投棄をした事業者に命令を出すことができる（同法 19 条の 5。これを「措置命令」と呼ぶ）。具体的には、廃棄物を撤去して最終処分場に運ぶことを定平興業に命じることが考えられるだろう。

また、この措置命令に事業者が従わない場合には、「5 年以下の懲役若しくは 1000 万円以下の罰金」（場合によってはその両方）という刑罰が用意されている（廃掃法 25 条）。命令を無視することは重大な犯罪に当たるので、定平興業の経営者は厳しく処罰されるのである。

大岡：なるほどね。だいたいわかってきたわ！　要するに県庁に行って対策を求めればいいのね。いろいろ調べてくれてありがとう！

尾谷：いやぁ。まあ、それほどでもないよ（本当は行政法の先生に聞いたのだけど……）。

大岡：でも、気になったのだけど、もし定平興業の経営者が見つからなかったときや、見つかったとしても、全くお金を払えない状態だったらどうなるの？　だいたい、不法投棄するぐらいだから、定平興業が撤去費用を払えるとは思えないんだけ

ど。

尾谷：そう言われるとそうだね。う〜ん……。

（3）不法投棄と責任追及

　大岡さんの不安ももっともなものである。これまで説明してきたことは、不法投棄をした会社が特定できた場合の話である。実際には、不法投棄をした会社（これを「処分者」と呼ぶ）が見つからない場合も少なくないし、見つかったとしても、資金が足りなくて費用を負担できないこともある。そうすると、いくら措置命令や刑罰を用いても、それは「絵に描いた餅」に過ぎないのではないだろうか。

　廃掃法は、このような事態に備えて、処分者だけでなく、排出事業者の責任も追及できると定めている（同法 19 条の 6）。ただし、この方法は、処分者に資金がない場合で、かつ、排出事業者に何らかの落ち度が認められる場合に限られるので、いつでも使えるわけではない。

　また、何らかの理由により、処分者も排出事業者も十分な対策をとらない（とることができない）場合には、最後の手段として、行政が自ら必要な対策を実施できる（廃掃法 19 条の 7）。例えば、行政が自ら廃棄物を撤去した上で、その費用を処分者などに請求することもできるのである。しかし実際には、費用を回収できないことも多いので、その場合には結果として税金が使われることになる。

　したがって、**case** でも、処分者である定平興業や排出事業者が廃棄物を撤去しないために著しい環境被害が生じるときには、行政が自ら廃棄物の撤去に乗り出すことができる。最後に頼りになるのは、やはり行政なのである。

大岡：尾谷君のアドバイス通りに、祖父が県庁に相談に行ったんだけど……。

尾谷：どうだった？　うまく行った？

（4）行政に対策を求める訴え

　さて、ここからは上級者向けの説明になる。これまで説明してきたように、不法投棄を解決するために、行政は廃掃法に基づき対策を講じることができる。ただし、これはあくまで「できる」というだけであり、住民からの要請があっても必ず「しなければならない」というわけではない。そのため、行政が常に処分者や排出事業者に対応してくれるとは限らない。

　ただし、その例外として、不法投棄の被害を受けている住民は、裁判を提起して、対策の実施を行政に要求することが認められている。これを「義務付けの訴え」（行政事件訴訟法3条6項1号）と呼んでいる。この義務付けの訴えの基本的な仕組みは次の通りである。

　まず、行政（県知事）が定平興業に措置命令をしないことで、林蔵さんや周辺の住民に健康被害などの「重大な損害」が生じている、あるいは生じるおそれがある場合には、義務付けの訴えを起こすことができる（行政事件訴訟法37条の2第1項）。

　裁判では、行政が措置命令を発しなかったこと（これを「規制権限の不行使」と呼ぶ）が適法か否かが審査される。仮に、不法投棄が重大な損害をもたらしていることが証明され、かつ、措置命令を発しないことが著しく妥当性を欠くのであれば、裁判所は「行政はただちに定平興業に措置命令を発すること」という判決（これを「義務付け判決」と呼

ぶ）を下す。

　そして、行政はこの判決に従わないといけないので、たとえ乗り気でなくても、ただちに定平興業に措置命令を発しなければならない。

　このように、対策を実施しないことが行政の「怠慢」に当たる場合には、裁判所がその怠慢を是正できる。もっとも、これまでの裁判例を見る限り、義務付け判決が下されるのは例外的な場合に限られている。**case** でも、行政が対策を実施しないことが違法と判断されるかは微妙なところである。行政の怠慢を是正するのも簡単ではないのである。

3 ｜ 刑法を使って考える

　最後に、**Q4** について刑法の考え方で解決策を探っていこう。

（1）土地への不法投棄と不動産侵奪罪

　他人の土地に勝手に大量のゴミを投棄するといった、他人の不動産を侵害する場合に、廃掃法上の犯罪の他に、刑法では何らかの犯罪が成立しないのか。他人の不動産という「物」を勝手にゴミ置き場として使用しているのであるから、窃盗罪のような財産犯が成立しそうである。例えば、駐輪場にある他人の自転車を勝手に使用して、そのまま乗り捨てた場合には窃盗罪が成立することと比べてみると、土地の無断使用がなぜ窃盗罪に当たらないのか、という疑問が出てくる。

　この点については、自転車や自動車といった「動産」であれば、その動産を事実として支配している人（これを「占有者」と呼ぶ）の手元から奪って（もともとの占有者の占有を排除して）、自分の手元に移す（新たに自己の占有に移す）ことが考えられるが、土地のような「不動産」を動かして持っていくことは普通はできないし、不動産が所有者の手元から消えてなくなるわけでもない。そのため、窃盗罪（刑法235

条）は不動産については適用されない。

　しかし、第2次世界大戦後の混乱の中で、土地の不法占拠事件が多発し、被害の回復が困難になるといった状況が起きた。そこで、1960年に、不動産侵奪罪（刑法235条の2）という新たな犯罪が設けられた。大まかに言えば、「動産」を盗めば窃盗罪であるのに対して、「不動産」を盗んだ場合には不動産侵奪罪が成立することになる。ではどのような場合に、不動産を盗んだ（侵奪した）と判断できるのか。

　不動産が場所的に移動しないとしても、もともとその不動産を占有していた人の占有を排除して、新たに自分が占有することは可能である。これは、先ほどの窃盗罪の場合と同じく、他人の占有を排除し、自己の占有に移すという枠組みで判断することが可能となることを意味する。

　この枠組みの当てはめ方をイメージするために、他人の土地に勝手に家を建てたらどうなるか、という例を考えてみよう。仮に、**case** の林蔵さんが自宅近くに広い空き地を持っていたとして、その空き地に見知らぬ人が突然家を建て始め、林蔵さんが気づいたときには家が完成していたとする。この場合、この見知らぬ人は、空き地という不動産を林蔵さんが利用できないようにし（林蔵さんの占有の排除）、自分の家を建てることで新たに事実上の支配を及ぼしている（新たな占有の設定）。このような場合には、この見知らぬ人には不動産侵奪罪が成立する。ただし、この場合に、例えば林蔵さんの空き地にこの見知らぬ人が、家ではなくてテントを設置したとしたら、不動産侵奪罪は成立しない。というのは、テントのようにすぐに片づけられる物を設置したからといって、林蔵さんの不動産に対する占有が排除されたとも言えず、この見知らぬ人が新たな占有を設定したとも言えないからである。このように、元通りにすることが簡単な場合には、不動産侵奪罪は成立しない。

（2）不動産侵奪罪に当たるか

　case では、林蔵さんの所有する山林という不動産に対して、定平興

業の従業員がゴミを不法投棄している。林蔵さんはこの山林を放棄・放置しているわけではないので、山林に対する林蔵さんの事実上の支配（占有）は認められる。そこで問題は、定平興業の従業員の行為が、林蔵さんの山林に対する占有を排除し、自己の占有を設定するものかどうかである。

　このような不法投棄をめぐっては、実際に刑事事件になったことがある。被告人は、被害者の占有する土地（約 1500m^2）について一定の利用権限があったが、その権限を越えて、この土地に約 8600m^3 の廃棄物を高さ約 13m にわたって堆積させたという事案である。最高裁は、簡単に元通りにすることができない状態にして土地の利用価値を喪失させたとして、不動産侵奪罪が成立するとしている。

　このように、不法投棄で不動産侵奪罪が成立するのは、非常に広範囲の土地に大量の廃棄物を投棄することで、簡単に元通りにすることができず、土地の利用価値を失うような場合である。**case** では、その具体的な廃棄物投棄の量については書かれていないが、片づけるための費用が 200 万円なので、先ほど挙げた事案のような大規模な不法投棄事件に比べても、元通りにすることが簡単であると言えるかはなお疑問がある。もし元通りにすることが簡単であると言えないとすれば、不動産侵奪罪が成立する余地がある。

第Ⅱ部　発展編

テーマ**1** 格差社会と法

はじめに

　近年、格差社会という言葉をよく目にする。この本の読者の皆さんも、進学や就職について考える際に、格差社会のもたらす問題を身近に感じているかもしれない。

　もっとも、「格差社会」といっても様々な意味があるので、正確に定義することは難しい。一般的には、「収入や資産の面で富裕層（高所得層）と貧困層（低所得層）が極端にわかれた状態が恒常化すること」と説明される。重要なポイントは、富裕層と貧困層の差が大きくなるだけでなく、その差が世代を超えて続いていくことである。つまり、貧困家庭に生まれた子どもがいくら努力しても裕福になる機会を得られないのに対して、裕福な家庭に生まれた子どもは裕福であり続ける、そのような格差が固定化した状態を「格差社会」と呼ぶのである。

　社会にとって、個人の能力と努力に応じて相応の報酬を得られることは、極めて重要なことである。いくら能力があっても、いくら努力しても、成功を収めることができないのであれば、人々はやる気を失ってしまい、社会の活力が損なわれてしまうだろう。また、富裕層が政治や経済を支配する状態が続けば、それ以外の国民は強い不公平感を覚えるようになり、社会の秩序を保てなくなるおそれがある。最悪の場合には、テロや内戦といった事態が起きることもある。

　このように、格差社会には負の側面が多いので、格差社会を是正

する手立てが必要になってくる。しかし、格差社会は様々な経済的・社会的要因から生じるので、個人や企業の努力だけではどうすることもできないと考えられる。そこで、国会や内閣には、法律を活用して積極的に是正を図ることが求められている。ところが、様々な対策が実行されているにもかかわらず、なお格差が広がり続けているという批判もある。そこで、このような格差社会をめぐる問題点を見ていこう。

第**8**章 行政法から考える格差社会と法

1 | 教育と奨学金

　まず取り上げたいのは、教育にかかる費用の問題である。大学生にとって切実な問題は、授業料・学費といった費用の負担が重いということである。特に私立大学になると、学費が年間100万円を超えるのが普通なので、学費を負担できず、大学への進学を諦めざるを得ない人もいる。また、理系であれば大学院へ進学する人も多いので、その場合にはさらに学費がかかることになる。

　もちろん、進学せずに就職の道を選択することも、本人の希望に適うのであれば、それはそれで好ましいことだろう。また、個人の才能や努力次第では、大卒者を超える収入を得ることも十分可能である。ただ、統計的に見ると、大卒者と高卒者では生涯で得られる収入に大きな差がある。

> 　厚生労働省による「令和4年賃金構造基本統計調査」によれば、男性の場合、大学卒が39万2100円、大学院卒が46万4200円（月額・全年齢・全職種平均）であるのに対して、高校卒の人は29万7500円となっている。女性の場合もほぼ同様の差が存在する。そのため、生涯年収で換算すると、数千万円に近い差が出てしまうのである。

　結局、教育に多額の費用がかかるとしても、高等教育を受けることにより、その後大きな利益となって返ってくることがわかる。しかし、低

所得層では教育に十分な費用をかけることができない結果、子どもたち
も低収入の仕事にしか就けず、その次の世代にも貧困が続いていくこと
になる。このようにして格差が固定化してしまうのである。

　また、このような教育格差は、経済的要因だけでなく、社会的要因に
よってももたらされ得る。一般に高所得層では、子どもの教育に対する
親の理解や熱意が高いと言われる。その効果として、子どもたちの勉学
への積極性も高まることから、進学に対するモチベーションを高く維持
し続けることができる。

　これに対して、低所得層では、そもそも教育の必要性・重要性を親が
理解していない場合があると言われる。そのため、子どもたちの勉学に
対するモチベーションが高まらず、せっかくの能力が活かされない場合
も出てくるのである。

　このような問題を解決するための切り札が「奨学金」である。奨学金
とは、勉学を奨励するために支給される資金であり、様々なタイプが存
在する。

　まず、貸与型と給付型という違いがある。貸与型は、後に返済する必
要があるため、一種の「借金」に当たると言える。ただ、貸与型の場合
でも無利子のものであれば、将来の返済が比較的容易になるというメ
リットがある。他方で、給付型であれば返済は不要となるので、よりメ
リットは大きい。

　次に、奨学金を支給する組織の違いに応じて、民間の奨学金と公的奨
学金にわかれる。民間の奨学金では、企業や個人が善意で奨学金の費用
を負担している。残念なことに、民間の奨学金だけでは十分な支給がで
きないので、格差の是正のためには公的奨学金を拡充することが求めら
れている。

　公的奨学金とは、国や地方自治体といった公的組織が支給する奨学金
のことであり、程度の差はあれ、その原資として税金が投入されてい
るのが特徴である。その中でも、特に重要なのが「日本学生支援機構」

（旧「日本育英会」、以下「支援機構」と言う）による奨学金である。

　支援機構の奨学金制度に応募した学生も多いと思うので、その名前は知っているかもしれない。しかし、どのような組織なのか、詳しいことまでは知らないのではないだろうか。

　支援機構とは、「独立行政法人」（「独法」と略される）と呼ばれる組織の一つであり、その運営に関しては国の行政機関（文部科学省）の監督が及んでいる。また、運営にかかる費用につき、国から補助金が支給されているのも特徴である（補助金の額は、年間約250億円近くに上る）。

　独立行政法人とは、国の行政機関と密接に連携しつつ、特別の公益的業務を担うために設立された組織である。支援機構の場合には、奨学金の支給とその債権回収が主な業務であるが、その他にも、研究開発や医療・福祉・インフラ整備などの様々な業務を担う独立行政法人が設立されている。

　独立行政法人には、補助金という形で国からの財政支援があるので、採算がとれない業務であっても、その実現が可能になるというメリットがある。奨学金についても、無利子や低利子の支給を実現するためには膨大な資金が必要になるが、それは国民の税金から賄われている。多くの学生が奨学金を受けられることも、この支援機構のおかげであると言える。

　　日本学生支援機構の仕組みを簡略化すると**図表5**のようになる。支援機構は学生への奨学金支給を業務とするが、その際に必要な資金の一部は、国から補助金として支給されているが（これを「財政支援」と呼ぶ）、この補助金のもとは税金である。また、支援機構が業務を適正に行っているかを監視・監督するのは、内閣（文部科学大臣）の役目である。

　支援機構には国の行政機関の監督が及んでいるため、その業務内容の

図表5 日本学生支援機構奨学金の支給の流れ

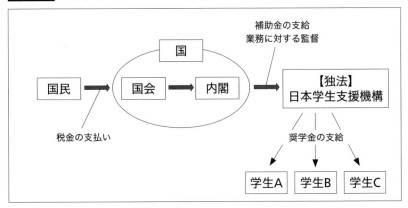

大枠は国会や内閣によって決定される。そこで問題となるのは、奨学金の支給対象を拡大したり、その条件を緩和したりすることである。

　当然のことであるが、教育格差を是正するためには、低所得層に十分な額の奨学金を有利な条件で支給することが不可欠である。特に、返済の必要のない給付型を増やすことができれば理想的であろう。また、貸与型であっても、病気や失業などで奨学金の返済が困難となったときには、返済の免除を広く認めることも重要である。

　しかし、この改革を実現するためには、国からの財政支援を増やすしかないが、国の資金も限られている。そこで、税金を上げるか、他の支出を減らすか、どちらかを選ぶ必要が出てくる。そして、いずれの場合でも、法律の改正や予算の議決といった形で国会の承認を得なければならない。果たして、国会議員が賛成してくれるのだろうか。

　また、支援機構の業務は、「独立行政法人日本学生支援機構法」をはじめとする特別の法令によってコントロールされているので、奨学金の支給条件などを変える際には、これらの法令を改正する必要も出てくる。そのため、ここでも国会や内閣の承認が得られるかが問題となる。

　確かに、教育格差の是正は重要な課題であるが、社会には他にも様々

な課題がある。そのため、どの課題にどれだけの費用をかけるのか、言い換えると、限られた国の予算を何に振り分けるのか、という問題を避けては通れない。

　そこで、内閣総理大臣や国務大臣、国会議員がこの課題にどれだけ真剣に取り組んでくれるか、さらには、国民がどれだけ積極的に賛同してくれるか、という点が鍵となる。国民の理解と支持があって、初めて改革が実現できるのである。

　さて、バブル崩壊からリーマンショックと、近年の日本では不景気が続いてきたために、奨学金を必要とする家庭が増え続けてきた。そして、そのような需要に応える形で、支援機構の奨学金の支給規模も大幅に増えている。

　ただ、奨学金の多くは貸与型で有利子のものであるために、返済の負担が学生に重くのしかかっているのが現状である。そこで、2019年に国会は、低所得者層を対象として、大学などの高等教育の費用を無償とする法律を制定し（高等教育無償化法）、2020年4月から運用を始めた。また、学費以外の生活費等を支援するために、給付型の奨学金も新設された。

　このように、教育格差の是正に向けて、ようやく政府も本格的に取り組むようになった。好ましいことであるのは間違いないが、この傾向が今後も長く続いていくことが大事であろう。読者の皆さんに一つお願いするとすれば、これから大学を卒業して社会に出てからも、教育格差と奨学金の問題に関心を持ち続けていただきたい。

2 ｜ 相続と相続税

　次に、富裕層にとって切実な問題である「相続税」を取り上げよう。相続とは、民法典の第5編「相続」（882条以下）に規定されている制

度で、要するに、個人が死亡した際に、その財産を配偶者や子が受け継ぐことを意味する。民法上、財産を保有できる主体は生存している人に限られることから（法人の場合を除く）、亡くなった人の財産は配偶者や子、孫、その他の親族に譲渡されることになる。そして、死亡して財産を譲り渡す人を「被相続人」と、財産を受け取る人を「相続人」と、それぞれ呼んでいる。

　考えてみると、相続とは不思議な制度である。親が亡くなると、子はその財産を受け継ぐ権利を持つので（相続権）、特別の例外に当たらない限り、財産は子に移る。しかし、富裕層とそれ以外の層では相続する財産の額は変わってくる。数億円を超える財産を受け継ぐ場合もあれば、財産がほとんどない場合も数多い。しかし、こうした違いが生まれる原因について考えると、子の能力や努力が関係する場合もあり得るが、多くの場合には単なる偶然によると言うしかない。

　結局、相続制度のもとでは、裕福な家庭に生まれるか、貧困家庭に生まれるか、という偶然によって貧富の差が生じてしまう。これはかなり不公平なことではないだろうか。また、格差社会がなくならないのも、このような相続制度が原因ではないのだろうか。

　とはいえ、相続制度があるからこそ、社会に活力が生じていることも事実である。親にとって、子に財産を残すことが働く動機の一つとなっていることも多いからである。そこで、相続を一定程度認めつつも、格差が固定化しないような対策が必要とされる。

　そのための切り札が「相続税」である。相続税は、相続税法に基づく税金であり、相続が発生した場合に、相続財産の額や相続人の数に応じて税金を課すという仕組みである。そして、徴収された税金の使いみちは様々であるが、その一部は社会保障や教育、公共事業のために用いられるので、格差の是正に大きく役立っていると言える。

　相続税の税額の計算方法は極めて複雑であるので、わかりやすくするために、父親が死亡してその子が土地・建物を相続するという例で考え

てみよう（他に相続人や財産はないものとする）。

　まず、父親が所有する土地・建物の価値を評価して、相続する財産を金銭に換算する。これは、「相続税評価額」と呼ばれるものであり、市場価格などを参考にして決定される。ただし、一般的には、市場価格より評価額の方が低くなると言われている。

　その評価額が一定の金額（約3000万円）以下であれば、相続税を支払う義務はない。相続税とは、もともと多額の財産を持つ富裕層をターゲットとした税金であるので、そうではない人には相続税は免除されるのである。

　他方で、評価額が高ければ高いほど、より高い税率が課せられる。その額に応じて10％から55％の税率が定められていて、特に7〜8億円を超えると税率は55％に上る。大まかに言うと、財産の半分以上が税金として徴収されてしまう。また、評価額が1億円程度でも、30％の税率が適用されるので、2000万円を超える税金を納めなければならない。

　少し前でも述べたように、相続税の税額は極めて複雑な計算をもとにして決定される上に、様々な特例や例外があるので、上に挙げた数字はあくまで一例に過ぎない。とはいえ、消費税や所得税に比べると、相続税の税額がけた違いに大きいことがわかるだろう。

　日本における相続税の仕組みはかなり厳しいように思えるかもしれない。確かに、考えてみれば、自分の持っている財産の半分以上が税金として消えてしまうのは酷なことである。著者（高橋）としては、相続税の最高税率をあまりに上げすぎると、経済活動にとってマイナスが大きすぎるので、相続税の課税強化にはあまり賛成できないところである。ただ、今から30〜40年前には、相続税の最高税率は70％にも達していたので、その当時と比べるとより穏やかになったと言える。

それでも、富裕層にとって相続税は極めて深刻な問題であり、相続を乗り切るために様々な手立てが講じられている。相続税を軽減するための様々な節税のテクニックが存在するので、それらを駆使して少しでも納税の負担を減らすことが試みられている。

　他方で、このような節税策が多用されると相続税の税収が減ってしまうので、行政（国税庁）も新たな対策を打ち出しており、ある種の「いたちごっこ」が生じている。相続税をめぐってはこのような争いが日々続いていることを覚えておこう。

　これまで見てきたように、格差社会の是正のためには、相続税による富の再分配を続けることが不可欠である。しかし、相続税を誰からどれだけ徴収するのか、という問題には難しい政策判断が求められる。

　例えば、相続財産が10億円を超えるような「超富裕層」に対して課税を強化することも考えられるし、相続財産が1億円程度の富裕層の相続税を重くするという選択肢もある。後者の場合、増税の対象となる人はかなりの数に上るので、反対もそれだけ強くなるが、より「広く薄く」課税することで格差の是正が進むというメリットある。

　いずれの政策をとるにしろ、格差社会の是正のために、結局は富裕層に対して応分の負担を求めざるを得ない。この本の読者の中にも、努力の甲斐があって、将来は富裕層の仲間入りをする人も少なくないだろう。そのとき、相続税の厳しさを実感するかもしれないが、「格差社会の是正のためには仕方ない」と寛容な心で受け入れることができるだろうか。それとも、相続税の理不尽さに憤ることになるのだろうか。随分先のことではあるが、今からしっかりと考えておこう。

3 | 生活保護と自立促進

　最後に取り上げるのは生活保護と自立促進である。生活保護について

は、**第6章**で取り上げたので、ここでは自立促進のための就労支援などについて、少し掘り下げて考えてみよう。

　生活保護とは、生活困窮者を行政が支援するという制度であるが、その目的は単に生活費を支給するだけではない。生活保護法1条に定められているように、生活保護の究極の目的は「自立を助長すること」にある。

　ここで言う「自立」には様々な意味があるが、格差社会との関係で重要なのは、経済的自立、すなわち、自分で働いて生活費を稼ぐことで生活保護に頼らない生活を送ることにある。

　誤解されやすいところであるが、生活保護法4条が「能力」の「活用」を条件としているように、生活保護の受給者には常に自立に向けて努力することが求められている。例えば、病気によって働くことができないのであれば、病気が治り次第、仕事を探す努力をしなければならない。また、不景気で仕事が見つからないのであれば、職業訓練を受けて転職することをすすめられることもある。そして、現実に十分に働く能力と機会があるにもかかわらず、そのような努力を怠っていると、場合によっては生活保護が打ち切られる。

　もちろん、受給者の自立が求められる第一の理由は、生活保護にかかる費用が際限なく拡大することを防ぐことにあるが、それだけではない。そもそも、「働く」ということは、単に生活費を稼ぐ手段ではなく、人間が社会と接点を持ち、社会に貢献することで自己実現を図ることを意味すると考えられる。別の言い方をすれば、働くことで新たな生き甲斐を見つけて、生活をより充実したものにすることが期待されるのである。

　また、生活保護は「最低限度の生活」を保障するだけであるから、自立への意欲を失って生活保護から抜け出せない世帯が増えると、格差の固定化が進んでしまう。皮肉なことに、貧困層を救うための制度である生活保護が、かえって格差社会を悪化させているという疑いもある。

統計によると、生活保護を受けている家庭に育った子どもが後に生活保護を受ける率は25%に上ると言われている。1で取り上げたように、十分な教育費をかけることができないことがその原因の一つとして考えられる。実際、生活保護を受けている家庭では、大学や専門学校への進学率が20%程度にとどまっているという調査結果もある。これは、平均の進学率の3分の1に過ぎない。このような「貧困の連鎖」をどうやって食い止めればよいのだろうか。

このように、一方では生活困窮者を救いつつも、他方では自立を促進することが、受給者にとっても社会にとっても有益であることが理解できるだろう。そこで、以前から行政（国や地方自治体）も受給者の自立促進に向けた取り組みを進めてきたが、近年では、その取り組みが強化されている。具体的には、福祉事務所やハローワークなどの行政機関が連携して、職業訓練、職業紹介、就職活動支援といった事業を実施している。

もっとも、「自立の促進」の名目で受給者の切り捨てがあってはならないところである。生活保護の受給者の多くは高齢者であるため、身体能力の低下や病気のために働けない場合がほとんどであるし、現役世代でも、職場での人間関係を構築することに困難を抱えている人や、就職活動が失敗続きで働く意欲を完全に失ってしまった人も少なくない。

このように、受給者はそれぞれ困難な事情を抱えているのであるから、自立促進を強引に進めるのではなく、受給者の社会復帰を妨げている要因を一つずつ取り除いていくといった丁寧な対応が必要になると考えられる。

また、職業訓練などの事業には膨大な費用がかかることから、短期的には国や地方自治体の財政支出が増えてしまうというデメリットはある。しかし、対策が遅れるほど受給者の社会復帰は困難になることから、一人でも多くの受給者が仕事に就けるよう、迅速で手厚い支援をすること

が必要である。その成果として、長期的には生活保護費を抑制すること
が期待できるのである。

　なお、受給者の自立に関しては、制度上の問題点もいくつか存在する。
まず、生活保護はあくまで生活費の不足分を補うものであるから、働い
て収入を得ると、その分だけ生活保護費が減額される決まりとなってい
る。

> 　この保護費の減額についても複雑な計算式があるが、一例を挙げると、
> 月に 10 万円を稼いだ場合、生活保護費は約 7 万円減額されることになる。
> その結果、働かない場合と比べると生活費は約 3 万円増えるので、受給
> 者にメリットは多いと言えるが、受給者の就労を促すために保護費の減
> 額をより少なくすることも提案されている。

　また、十分な収入を得て生活保護が必要なくなると、そのときから税
金や社会保険料・医療費などの負担が生じる。そのため、生活保護を受
給しているときと比べて、生活水準があまり改善しないという問題も起
きている。

　結局、生活保護の受給者は比較的優遇されているので、自立への意欲
を失って生活保護に安住してしまう人も少なくないと言われている。そ
のような人が増えると、制度自体が立ち行かなくなるし、生活保護を受
給していない国民の不満も強くなってしまうだろう。そして、何よりも
格差社会がますますひどくなることが危惧される。そのため、現実に働
く能力と機会があるにもかかわらず自立への努力を怠る人には、生活保
護の打ち切りも含めたより厳しい対策をとるべきであるという意見も根
強い。

　この問題にも唯一の「正解」があるわけではない。そのため、生活保
護と自立促進のバランスをどのようにとるべきなのか、難しい政策判断
が求められている。幸いにして近年では、景気が回復して失業率が大幅

に下がっているので、受給者の就労はそれほど困難ではなくなってきている。そのため、自立促進も一定の成果を上げていると言われているが、また不景気になることも十分予想されるので、今からより効果的な対策を考えていく必要があるだろう。

　また、上で説明したように、生活保護者の多くが高齢者であるという問題もある。老後の生活保障としては、老齢年金（国民年金や厚生年金等）の仕組みがあるものの、現役時代に保険料を十分に支払っていなかったために、年金を受給できない高齢者も少なくない（いわゆる「無年金」）。厚生労働省の統計によれば、65歳以上の無年金者は全国で60万人近くいるとされており、貯金が尽きて家族の支援も受けられない場合には、生活保護に頼らざるを得ない。

　このように、高齢者に限って言えば、生存権の保障には年金制度の改革も必要になっていると言える。少子高齢化が加速しつつある今、高齢者をどのように支えていけばよいのだろうか？

第9章 刑法から考える格差社会と法

1 | 格差社会と刑法

　最近、「格差社会」という言葉を目にすることが多い。その内容は必ずしもはっきりとしないが、「社会において高所得者層と低所得者層とが極端にわかれること」と理解しておこう（→ 134 頁）。一般論として言えば、こうした状況のうち、特に低所得者層の増大は、財産犯罪を始めとして、多くの犯罪を増加させる要因となる。例えば、犯罪に関する統計データを提供している法務省の「犯罪白書〔令和 4 年版〕」を見ると、1980 年代後半から始まったいわゆるバブル景気が弾け、本格的に不況が到来した 1990 年代後半には窃盗の認知件数が毎年増加していき、2000 年代に入るとその認知件数は年に 200 万件を超えるに至った。

　しかし、その後、日本社会は本格的に格差社会に突入したと言われる反面、刑法犯の認知件数に着目すると、2003 年以降は着実に減少している。例えば、窃盗の認知件数は、2021 年には 38 万件ほどにまで低下している。こうした統計データからすると、格差社会は必ずしも社会における犯罪発生を増加させるとは限らないことがわかる。格差社会は、必ずしも社会の治安を悪化させるとは限らないのである。

> 　認知件数とは、警察等の捜査機関によって、実際に生じた犯罪が認知された件数を言う。したがって、認知件数と実際の発生件数は一致しないことが多い。両者の差を暗数と言う。これに対して、検挙件数とは、警察で事件を検察官に送致・送付し、または微罪処分をした件数を指す。

しかし、詐欺罪の認知件数については、2003年から急増し、2005年をピークとしてその後激減したが、2012年からは再び上昇に転じている。その中でも特に目につくのは、いわゆる「オレオレ詐欺（振り込め詐欺）」を中心とする特殊詐欺の増加であり、新型コロナウイルス感染症が拡大した2020年以降に一旦減少したものの、2022年は再び上昇に転じている（**図表6**）。詐欺罪は、窃盗罪に比べると手段が複雑か

図表6 特殊詐欺 認知件数・検挙件数・検挙率の推移

（平成16年〜令和2年）

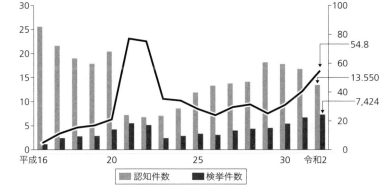

注：1　警察庁刑事局の資料による。
　　2　各数値は、次の類型の合計である。
　　平成16年〜17年　オレオレ詐欺、架空料金請求詐欺及び融資保証金詐欺
　　　　18年〜21年　オレオレ詐欺、架空料金請求詐欺、融資保証金詐欺及び還付金詐欺
　　　　22年〜29年　オレオレ詐欺、架空料金請求詐欺、融資保証金詐欺、還付金詐欺、金
　　　　　　　　　　融商品詐欺、ギャンブル詐欺、交際あっせん詐欺及びその他の特殊詐欺
　　　30年〜令和元年　オレオレ詐欺、架空料金請求詐欺、融資保証金詐欺、還付金詐欺、金
　　　　　　　　　　融商品詐欺、ギャンブル詐欺、交際あっせん詐欺、その他の特殊詐欺
　　　　　　　　　　及びキャッシュカード詐欺盗
　　　　2年　オレオレ詐欺、架空料金請求詐欺、融資保証金詐欺、還付金詐欺、金
　　　　　　　　　　融商品詐欺、ギャンブル詐欺、交際あっせん詐欺、その他の特殊詐欺、
　　　　　　　　　　キャッシュカード詐欺盗及び預貯金詐欺
　　3　金融商品詐欺、ギャンブル詐欺、交際あっせん詐欺及びその他の特殊詐欺については、
　　　認知件数は平成22年2月から、検挙件数及び検挙人員は23年1月からの数値をそれぞれ
　　　計上している。
　　4　預貯金詐欺は、従来オレオレ詐欺に包含されていた犯行形態を令和2年1月から新たな
　　　手口として分類したものである。
出典：「犯罪白書〔令和3年版〕」。

つ多様であり、特に資産の多い高齢者をターゲットとして、組織的に行われているケースが目につく。また、特殊詐欺の手口が巧妙化・複雑化している点も見逃せない。

　このような詐欺罪の悪質化はなぜ生じているのであろうか。その理由を正確に分析することは必ずしも簡単ではないが、詐欺罪と窃盗罪の性質の差を考えてみることは重要であろう。例えば、窃盗の中心は万引きであるが、こういった行為は多くの場合は少額の商品を対象とし、また、店側の防犯対策の強化によってある程度予防することも不可能ではない。これに対して、詐欺で問題となる事案、例えばオレオレ詐欺は、一回の被害額も決して少額ではないし、主なターゲットとなる資産の多い高齢者にとっても、防犯対策をとることはそう簡単ではない。しかも、詐欺の被害者は、騙されたことを恥ずかしく思って、いわゆる「泣き寝入り」をすることも多く、犯罪として表面化しにくいという点も見過ごせない。このように考えると、オレオレ詐欺を代表とする詐欺罪は、格差社会を代表する犯罪の一つと言ってよいであろう。

　また、高齢者は被害者となりやすい一方で、高齢者による犯罪という問題も、近年特にクローズアップされている。先ほど触れた「犯罪白書」は、毎年、一定の犯罪現象を「特集」として採り上げているが、平成30年版の特集テーマが「進む高齢化と犯罪」であることは、その表れである。また、令和4年版犯罪白書によれば、65歳以上の高齢者の犯罪については、検挙人員で見ると、2002年（24247人）と比較して2021年には41267人と増加しており、他の年齢層の伸びに比べても圧倒的に高い（151頁の**図表7**）。高齢者の犯罪の中で特に高い割合の犯罪は窃盗罪であるが、女性高齢者に限定すると、検挙された7割以上が万引きであって、それ以外の窃盗を含めると実に9割近くが窃盗罪で検挙されている（152頁の**図表8**）。窃盗罪の認知件数が近年特に減少していることは先ほど述べたが、高齢者に関して言えば、依然として窃盗罪は高い割合を占めている。これは、高齢者、とりわけ女性の独身

図表7 刑法犯 検挙人員（年齢層別）・高齢者率の推移（総数・女性別）

（平成14年〜令和3年）

① 総数

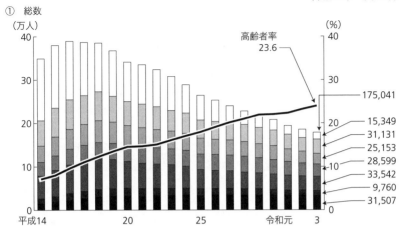

② 女性

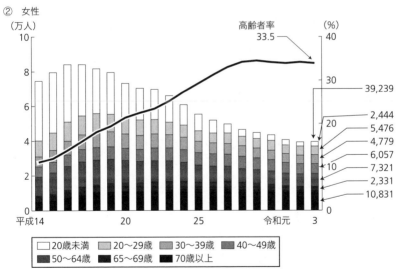

凡例：20歳未満　20〜29歳　30〜39歳　40〜49歳　50〜64歳　65〜69歳　70歳以上

注：1　警察庁の統計及び警察庁交通局の資料による。
　　2　犯行時の年齢による。
　　3　平成14年から26年は、危険運転致死傷を含む。
　　4　「高齢者率」は、総数及び女性の各刑法犯検挙人員に占める高齢者の比率をいう。
出典：「犯罪白書〔令和4年版〕」。

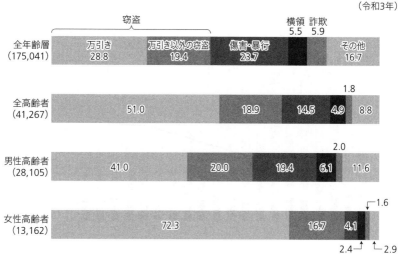

図表8 刑法犯 高齢者の検挙人員の罪名別構成比（男女別）

(令和3年)

	窃盗		傷害・暴行	横領	詐欺	その他

全年齢層
(175,041)

万引き **28.8** ／ 万引き以外の窃盗 **19.4** ／ 傷害・暴行 **23.7** ／ 横領 **5.5** ／ 詐欺 **5.9** ／ その他 **16.7**

全高齢者
(41,267)

51.0 ／ **18.9** ／ **14.5** ／ **4.9** ／ 1.8 ／ **8.8**

男性高齢者
(28,105)

41.0 ／ **20.0** ／ **19.4** ／ **6.1** ／ 2.0 ／ **11.6**

女性高齢者
(13,162)

72.3 ／ **16.7** ／ **4.1** ／ 2.4 ／ 1.6 ／ 2.9

注：1　警察庁の統計による。
　　2　犯行時の年齢による。
　　3　「横領」は、遺失物等横領を含む。
　　4　（　）内は、人員である。
出典：「犯罪白書〔令和4年版〕」。

高齢者に低所得者層が多いことと無関係ではない。このように考えると、高齢者犯罪もまた、格差社会を代表する犯罪と言ってよいであろう。

2 ｜ 詐欺罪

（1）オレオレ詐欺（振り込め詐欺）とは

　「オレオレ詐欺」あるいは「振り込め詐欺」とは、法律の定義によると、「預金口座等への振込みを利用して行われた詐欺」（振り込め詐欺救済法1条）である。よくあるパターンとしては、犯人が、被害者宅に電話をかけ、被害者の息子の声をまねて、「母さん、俺だけどさ。さっき

車で人をはねてしまった。向こうの弁護士が、今なら示談で済ませて
やるって言っている。今から言う口座に急いで100万円を振り込んで」
などと慌てた声を出して被害者を動揺させ、指定口座に現金を振り込ま
せるというものである。被害者は、すぐに振り込まないと自分の息子が
警察に捕まってしまうと動揺してしまい、誰にも相談せずに急いで現金
を振り込んでしまい、後になって騙されたことに気づく。

　オレオレ詐欺が巧妙であるのは、被害者が自分の子どもなどを大事に
思う気持ちをうまく悪用して被害者を慌てさせ、誰にも相談できないま
まに現金を振り込ませるという手口にある。騙す内容は、家族が交通事
故を起こしたといったことに限らない。家族が痴漢などの性犯罪を行っ
たとして、弁護士のふりをして依頼金を振り込ませるとか、家族が借金
をしており、すぐに返済しないと職場に連絡すると言って現金を振り込
ませるとか、それこそ様々なパターンがある。警察庁がこれまで、「オ
レオレ詐欺」や「振り込め詐欺」あるいは「特殊詐欺」など、様々な名
称を用いているのも、このような手段の多様性に対応するためと言えよ
う。

　実は、近年は「振り込め詐欺」ですらなく、犯人が被害者宅に現金を
取りに行く「現金受取型」や、犯人が被害者に指定した住所に現金を送
付させる「現金送付型」など、多様な手口が問題となっており、さらに
は詐欺ではなく窃盗に該当する事案も珍しくない。そこで、近年では、
オレオレ詐欺という言葉を含んだ、より広い意味を持つ「特殊詐欺」と
いう言葉が主に使われている。

> 「特殊詐欺」とは、被害者に電話をかけるなどして対面することなく被
> 害者を騙し、指定した銀行口座に振り込ませるなどの方法で、不特定多
> 数の人から現金等を騙し取る（または恐喝する）ものを指す。このうち、
> 特に代表的なものとして「オレオレ詐欺」があり、それ以外にも「預貯金
> 詐欺」や「架空料金請求詐欺」「キャッシュカード詐欺盗」などが含まれる。

（2）オレオレ詐欺で問題となる犯罪

①預金通帳の取得

　オレオレ詐欺でまず重要となるのは、銀行に預金口座を開設し、預金通帳やキャッシュカードを手に入れることである。普通は、犯人が自分名義の口座を開設すれば、オレオレ詐欺の被害者が警察に被害申告などをすることですぐに足がついてしまう。そこで、犯人は、他人名義の預金口座を開設して、他人名義の預金通帳を手に入れることになる。実は、こうした他人名義の預金通帳を手に入れる行為は、財物に対する詐欺罪（刑法246条1項。これを「1項詐欺罪」と呼ぶ）に当たる行為である。なぜかと言えば、犯人は、自分の名前ではなく他人の名前を偽って銀行員を騙し、騙された銀行員から通帳を受け取っているからである。このように、犯人が被害者を騙し、被害者が錯誤に陥って、犯人に財物を引き渡すことが、1項詐欺罪が成立するための条件である。

②現金を振り込ませた人の責任

　被害者に電話をかけて、被害者を騙し、銀行に現金を入金させた人を「かけ子」と言う。電話を「かける」人だからであるが、この「かけ子」にはどのような犯罪が成立するのか。

　読者の皆さんは、既に①の預金通帳の話を読んでいるので、「詐欺罪が成立するに決まっている」と思うかもしれない。しかし、問題となるのはその先である。①では、犯人は預金通帳という「財物」を手に入れたからこそ1項詐欺罪が成立している。それに対して、「かけ子」は銀行の口座に現金を入金させているだけであり、自分で現金という「財物」を受け取ったわけではない。この場合に1項詐欺罪が成立するのだろうか。

　一方で、「かけ子」は、被害者に現金を入金させたことで、預金債権という「財産上の利益」を得ただけだ、という考え方もあり得る。この場合には、1項詐欺罪ではなく、財産上の利益に対する詐欺罪（刑

法246条2項。これを「2項詐欺罪」と呼ぶ）が成立することになる。これに対して、「かけ子」はいつでも銀行から現金を引き出せるのだから、現金という「財物」を受け取ったのと同じだと考えるのであれば、1項詐欺罪が成立することになる。

③現金を引き出した者の責任

　銀行などに行って現金をATMから引き出す人のことを「出し子」と言う。「出し子」は足がつきやすく、危険な立場にあるので、事情も知らずにアルバイトとして雇われた人が行うことが多いと言われている。読者の皆さんも、こうしたアルバイトに誘われることがあるかもしれないが、これから説明するように、実は重大な犯罪につながるおそれがある。では、この「出し子」が現金をATMから引き出す行為にはどのような犯罪が成立するのか。

　「出し子」は、自分が現金を下ろす口座が詐欺の犯人によって利用されている口座であると明確には認識していないことが多い。よく知らない人間から一定の報酬を受け取って、他人のキャッシュカードを預かって現金を引き出してくるようにと依頼されているだけである。このような場合に犯罪が成立するのであろうか。

　まず問題となるのは、詐欺行為によって被害者から振り込まれた預金については、たとえその口座を持っている人（これを「口座名義人」と言う）であっても、自由に引き出す権限はないということである。したがって、たとえ「出し子」が口座名義人から預金を引き出すように依頼されたとしても、口座名義人も自由に引き出せない預金を、「出し子」が自由に引き出すことが許されるわけはない。つまり、銀行の許可なく勝手に現金を引き出して手に入れたことになるので、「出し子」には窃盗罪が成立することになる。

　しかし、次に問題となるのは、そもそも「出し子」は、自分が現金を自由に引き出す権限がないと知っていたかどうかである。このことを知

らないと、窃盗罪の故意がなく、「出し子」は不可罰となる。この点は、具体的な事案によって大きく認定が変わるため、ここでは一般的な説明をするしかない。例えば、「出し子」が預金の引き出しを頼まれた経緯や、預金の引き出しに対してどのような報酬が払われるのかといったことを考慮して、犯罪によって得られた金を引き出すことについての故意があると認められれば、窃盗罪が成立することになる。

④現金を受け取った人の責任

　最近は、「振り込め詐欺」だけではなく、現金受取型の詐欺の方が多くなっているということは（1）で述べた。それでは、こうした現金を受け取る「受け子」には、一体どのような犯罪が成立するのか。

　③の「出し子」と同じように、「受け子」も足がつく可能性が高い危険な役割である。そこで、普通は詐欺グループの末端に属するような人が「受け子」となることが多い。つまり、「受け子」は、詐欺グループの上層部が被害者を騙した後に、現金を受け取りに行く役割だけを担っている。このように、一連の犯罪の途中から犯行に関与することを、「承継的共犯」と言うが、「受け子」もまた、詐欺罪の承継的共同正犯として罪責を問われることになる。

　特殊詐欺は、組織的に行われることが多い。その中でも末端に属する「出し子」や「受け子」については、学生がアルバイト感覚で気軽に引き受けてしまうことがあり、その後逮捕されて起訴されると実刑判決を受けることも十分にあり得る。経済状況などの問題でこのような「アルバイト」につい手を出したくなることもあるかもしれないが、絶対に手を出さないでほしい。

3 | 高齢者の犯罪

（1）高齢者犯罪の傾向

　高齢者の犯罪者がここ20年で増加していると1で書いたが、65歳以上の高齢者の刑法犯による検挙人員は、2002年以降の数年間で急激に増加したが、その後高止まりし、令和に入ってからは減少傾向にある。20〜29歳、30〜39歳、40〜49歳、50〜64歳のそれぞれと比較しても、2021年は高齢者による犯罪が最も多く、検挙人員は41000人を超えている（**図表8**参照）。

> 　刑法犯とは、刑法典に代表される法律に規定される、殺人、強盗、放火、強制性交等、傷害、窃盗、詐欺などの犯罪を指す。なお、危険運転致死傷罪や過失運転致死傷罪は、刑法典に規定されておらず、刑法犯には含まれない。

　しかし、こうしたデータは、高齢者による犯罪率が高いことを意味しているわけではない。各年齢層の人口比で見ると、高齢者による犯罪率は、他のどの年齢層よりも依然として低いことがわかる。こうしたデータから言えることは、要するに、高齢者の人口が増えたことが、高齢者犯罪が増えたことの一番の要因であるということである（2023年3月1日現在で、高齢者人口は3618万人に達している）。ただし、2002年と2021年のデータで比較すると、高齢者による犯罪率は増加しており、この傾向は他の年齢層よりもはっきりとしている。もともとは、高齢者人口がそこまで多くなく、犯罪率も低かったために、高齢者の犯罪者が少なかったのであるが、現在では、高齢者人口もその犯罪率も増加している。そのために、高齢者犯罪がこの20年で大きく増加したのである。

（2）高齢者犯罪と窃盗犯

　刑法犯の検挙人員のうち、窃盗罪が占める割合は 2021 年でおよそ 48％である。これに対して、高齢者による犯罪において窃盗罪が占める割合は約 70％であり、その中でも女性高齢者の犯罪における割合は約 90％である（152 頁の**図表 9**）。このデータから明らかなように、高齢者犯罪の増加とは、基本的には高齢者による窃盗犯が増加していることに他ならない。

　このように高齢者において窃盗犯が増加している要因としては、**1** でも触れたように、高齢者における低所得者層が多いことが挙げられる。2022（令和 4）年国民生活基礎調査（厚生労働省）を見ると、高齢者世帯においては、世帯所得が 200 万円未満の世帯の割合が約 35％となっている（全世帯における世帯所得 200 万円未満の割合は約 20％である）。格差社会は、高齢者においてはっきりと目に見える形で表れているのである。特に、女性高齢者の犯罪のうち、約 9 割が窃盗犯であるという事実は、女性高齢者の貧困が大きく関係している。

　このことは、女性高齢者の検挙人員と男性高齢者の検挙人員とを比較するとはっきりする。基本的に、男性は女性に比べて犯罪を行う割合が高く、令和 4 年版犯罪白書によれば、令和 3 年の刑法犯全検挙人員における女性比は約 22％である。これに対して、高齢者犯罪の検挙人員に関しては、女性比は約 32％であり、女性高齢者の比率は明らかに高い。こうしたデータをあわせて読むと、女性高齢者は特に貧困層と重なっており、生活のためにやむを得ず窃盗を行っているという現状が浮き彫りになってくる。女性高齢者においては、万引きの割合が 7 割を超えるという点も、そうした現状を明らかにしている。

　なお、高齢者の受刑者数はここ 20 年で概ね一貫して増加または高止まりしており、また、平成 30 年版犯罪白書によれば、男女問わず、高齢者においては刑務所への再入者の割合が高い。高齢者犯罪の中心が窃盗犯であることを考えると、窃盗を繰り返し行って刑務所に何度も入所

する高齢者が多いという現状が見えてくる。

（3）窃盗犯以外の高齢者犯罪

　窃盗犯以外での高齢者犯罪として目につくのは、ここ 20 年の間に、暴行・傷害といったいわゆる粗暴犯の検挙人員が激増していることである。とはいえ、こうした傾向が格差社会とどの程度関係するのかはよくわからない。

1 │ 借金の理由

（1）多重債務問題

　借金が多くて困っている状態を、「借金で首が回らない」と言う。な
ぜ借金が多いと首が回らなくなるのか、語源はよくわかっていないが、
借金のストレスで肩がこって首が回らなくなるからという説と、借金取
りがあちこちにいて怖くて周りを見回せないからという説が有力なよう
である。

　その説明が正しいかはともかく、借金が多くて困っている人は、一か
所から借金をしていることは少なく、あちこちから借金をしていること
が多い。あるところから借りたお金を返済するために、他のところから
借金をしたり、以前借りたところから断られて、別のところで借りたり
するためである。このように、たくさんの借金を負っている人のことを、
多重債務者と言う。格差社会の問題とは、多重債務者の問題でもある。

（2）生活苦による借金

　多重債務の状態がなぜ起こるのか、その原因は様々であるが、個人破
産の原因を調べた統計によると、生活苦や低所得による場合というのが
約4分の1を占める。

　私たちが生活する上で必要な衣食住を揃えるときには、金銭が必要で
ある。大学を卒業して社会人となるということは、自らの労働によって
金銭を手に入れ、その金銭によって自分や家族の生活を支えるというこ

とだ。このとき、働いて得られる収入と、生活費などの支出のバランスが崩れて、支出が収入を上回るようになると、その人の財産は減少していく。自分の財産だけでは生活が苦しくなり、借金をするようになると、もともとの支出に返済の負担が加わり、さらに苦しい生活になる。最悪なのは、借金の返済のために、より利息の高い借金を繰り返すような行為で、こうなると多重債務を負って生活がすぐに破たんしてしまう。

　このように、収入と支出のバランスが崩れたことが原因で多重の債務を負ってしまうことを避けるには、当たり前だが、無駄な支出をカットして、そのバランスを見直す必要がある。今までの生活の仕方を変えなくてはならないから、これは大変なことではあるが、そのままにしていれば生活が破たんしてしまうのだから、やむを得ない。

（3）債務を負うこと

　ただ、多くの人は、生活苦や低所得だけが原因で、破産をしているわけではない。個人破産の原因を調べた統計資料を見ていくと、生活苦や低所得とは別に、病気や医療費、失業や転職、給与の減少なども上位に挙げられている。ここからは、予想外の収入の減少や支出の増加がきっかけになって、生活が破たんしてしまう人々の多いことが見てとれる。

　ただし、借金をして、債務を負うのは悪いことばかりではない。人は借金をすることで、現在持っている財産よりも、価値の高い財産を手に入れることができる。問題は、将来の返済の見込みが立たないような、過大な債務を負うことなのである。

　以下では、私たちが債務を負う典型的な場面をいくつか見ておこう。

2 | 住宅ローン

（1）住宅ローンの仕組み

　私たちが生活をする上では、住居を買うか借りるかしなければならない。住居を買うという選択肢をとる場合、その購入には通常、多額の資金が要る。たいていの人にとって一度に支払うには大きすぎる金額であるが、その資金を調達するために利用されるのが、住宅ローンである。

　住宅ローンは、銀行、信用金庫、信託銀行などの金融機関が、住居となる土地建物を購入しようとする人に、その購入資金を貸し付ける金銭消費貸借契約である。多くの場合、10年から30年以上の長期の返済期間が定められ、住宅ローン利用者は、毎月決められた額を銀行に返済することで、借りた金額（元本）に、利息を含めた金額を支払っていく。金融機関の側は、住宅ローン利用者の返済を長期間にわたって猶予する（長期の信用を与える）代わりに、利息を受け取るという仕組みである。

　住宅ローンは、銀行からの借り入れであるが、分割返済の方法によって、将来得られる収入を、現在の住宅購入のために前借りして利用するのと同じ結果を得ることができる。

（2）金融機関の貸し倒れ対策

　金銭を貸す側は、借りる側の将来の収入を見込んで、その返済を信用して金銭を貸し付ける（このことを債権者が債務者に対して「信用を与える」と表現する）。住宅ローンを提供する金融機関も、住宅ローン利用者の将来の収入を見込んで金銭を貸し付けているわけである。しかし、見込み違いが生じて、利用者の返済が滞ること可能性がある。これを貸し倒れと呼んだりするが、金融機関は、この貸し倒れがあまりに多くなると、自らのビジネスが成り立たなくなってしまう。

　そこで金融機関は、この貸し倒れリスクをできるだけ小さくしようと

する。例えば、金融機関は、住宅ローンの申込みがあった場合に、申込者の職業や収入、現在の財産状態を審査して、安定した収入が長期にわたって見込めるような職業についている人に対しては安い利息で金銭を貸すが、そうでない人には高い利息をとるか、住宅ローンの提供を断る。これは、その人に住宅ローンを提供した場合に貸し倒れが生じるリスクを考えて、そのリスクに応じて対応を変えているのである。

（3）期限の利益喪失条項

　金融機関が行う貸し倒れ対策は、それだけではない。金融機関は、住宅ローンによって資金を提供した後に、住宅ローン利用者が返済を怠った場合に備えて、二重三重の対策をとっている。その一つが、住宅ローンの契約（金銭消費貸借契約）の中に規定される、期限の利益喪失条項である。

　期限の利益という言葉はわかりにくいので、例を挙げて説明しよう。私が、住宅を購入するために銀行で10年の住宅ローンを組んだとする。銀行から借りた金額（元本）に利息を合計して、返済額がちょうど1200万円だとしよう。すると、私の月々の返済額はちょうど10万円ということになる。

　このとき、銀行は私に対して、合計1200万円の金銭債権を有していることになる。しかし、私は銀行との間の取り決めとして、この1200万円を一度に払う必要はなく、10年かけて、毎月10万円ずつ返済をすればよいことになっている。言い換えると、私が負っている1200万円の金銭支払債務は、120個に分割されて、1か月ごとに到来する支払いの期限までは、銀行に支払いを待ってもらうことができる。このように、「期限まで支払いを待ってもらえる」というメリットのことを、「債務者の期限の利益」と呼ぶのである。

　期限の利益喪失条項というのは、この「期限まで支払いを待ってもらえる」というメリットが、返済を怠ると失われることを定める契約条項

である。先ほどの例で、私が5年間かけてちょうど600万円の返済をした時点で、支払いを怠ったとしよう。そうすると、期限の利益喪失条項が働き、私は残り600万円を直ちに銀行に支払わなければならなくなる。支払いを怠るような住宅ローン利用者は、貸し倒れの可能性が高いと判断されるため、銀行としては、なるべく早く貸付金を回収したい。このため、1回でも支払いを怠ると、支払い期限が前倒しになる期限の利益喪失条項が、契約の中に含まれているのである。

　期限の利益喪失条項は、住宅ローン以外の金銭消費貸借にも通常含まれる条項である。しかし、住宅ローンは金額が大きいだけに、一度この条項が発動してしまうと、住宅ローン利用者は容易に返済をすることはできないことになる。

（4）抵当権の実行

　期限の利益喪失条項は、いったん発動すると債務者にとっては脅威だが、債権者である金融機関にとっては十分な貸し倒れ対策とは言えない。住宅ローンの毎月の返済をできないような人が、ローンの残額を一度に返せるわけはないからである。そこで、金融機関は、より積極的に債権を回収するための対策をとっている。このために利用するのが、抵当権である。

　抵当権は土地や建物などの不動産に設定される権利の一種で、債権者が自己の債権回収を確実にするための担保として機能する。抵当権を有する債権者（抵当権者）は、債務者から期日までの返済を受けられない場合、抵当権を実行することで、不動産を競売にかけ、その競売代金から優先的に債権回収をすることができる（→42頁）。

　金融機関は、住宅ローンを利用者に提供する際に、購入資金を貸し付ける金銭消費貸借契約とは別に、その住宅ローン債権を担保するための抵当権を、購入対象の土地建物に対して取得する。これによって、万が一住宅ローンの返済がなされない場合には、金融機関は土地建物を強制

的に競売にかけて、その競売代金から貸付金を回収することができることになる。

　つまり、住宅ローン利用者は、住宅ローンの返済ができない場合には、せっかく購入した住宅を競売にかけられ、失ってしまうことになる。先に述べたように、返済を一度でも怠ると、期限の利益喪失条項が発動し、そうなると、住宅ローンの返済は事実上不可能になるから、もし銀行が本気で貸付金の回収に乗り出せば、住宅ローン利用者は、一瞬で住宅を失ってしまい、後にはそれでも払いきれなかった債務が残ることになる。

　住宅ローンは、適切に利用すれば便利な制度だが、利用を誤ると恐ろしい制度であることを知っておく必要がある。利用する場合には、月々の支払いが困難なほどの借入れをしないようにしっかりと計画を立てなければならない。特に国の定める政策金利に合わせて貸付金利が変動する利息変動型の住宅ローンなどは注意が必要である。最近は金利の上昇が生じているから、今後、住宅ローン破産が増えるかもしれない。

3 | クレジットカード

（1）クレジットカードの仕組み

　カード破産という言葉をよく耳にする。クレジットカードを使いすぎて、月々の支払いが追いつかずに、支払い不能になってしまうというケースである。クレジットカードの仕組みはどのようになっているのだろうか。

　クレジットカードは、主にクレジット会社（信販会社）が発行する。クレジット会社は、加盟店との提携契約を締結することで、クレジット会社のカードを持った客が加盟店で買い物をした場合には、その代金を立替払いすることを約束する。他方で、クレジット会社はカード会員を募集し、応募してきた人の収入などを審査した上でカードを発行する。

カード会員になると、先ほどの提携契約によって、カード加盟店で買い物をする場合、カードを提示するだけで現金を持たずに買い物をすることができるようになる。ただし、カード会員にはランクがあり、通常会員、ゴールド会員、プラチナ会員などの名称とカードの色で区別され、ランクに応じて立替払いを受けられる限度額が決まってくる。

クレジット会社は、カード会員のために立替払いをした金額を、後からカード会員に請求する。カード会員は、これを1回で支払ってもよいが、複数回にわけて支払うこともできる。月々の支払い額の限度を決めるリボルビング払いを選択すると、支払いきれなかった額が翌月以降に繰り越される。

クレジットカードの仕組みを利用すると、カード会員（買主）にとっては、売買代金の支払いを先送りにすることができる。複数回払いにすれば、分割払いと同じことになるから、高額な商品でも気軽に購入できる。加盟店（売主）にとっても、手持ちの現金のない顧客に商品を売ることが可能となり、かつクレジット会社が立替払いをしてくれるために、代金を回収できないというリスクを回避することができる。そしてクレジット会社は、このようなサービスを提供する代わりに、カード会員から会費やカード使用手数料を、加盟店から加盟店手数料をとることができる。

（2）カード破産の起きやすい理由

カード会員にとって、クレジットカードの仕組みは、非常に便利なものである。しかし、これを無計画に利用すると、大変なことになる。

カード会員が、クレジット会社に売買代金を立替払いしてもらい、後からクレジット会社に支払いをするということは、カード会員は、クレジット会社にその都度、代金相当額の金銭支払債務を負うということである。要するに、カード会員は、借金をして物を買っているのと同じである。クレジット会社がカード会員からとるカード使用手数料は、貸付

金の利息に当たるわけである。

　無計画にクレジットカードを利用して、月々の支払い額が収入を超えてしまうと、返済は翌月以降に繰り越される。繰り越した分にはそれだけ利息がかかるから、支払い額はさらに増える。特に、毎月の支払い額の上限が決まっている「リボルビング払い」を選択すると、毎月きちんと決められた額の支払いをしているのに、負っている債務がどんどん増えていく危険性がある。もちろん、カードの利用をやめればよいのだが、カードを見せれば物が買えるという便利な仕組みは、自分が実は借金をして物を買っているのだという自覚が生じにくい仕組みでもある。こうして、クレジットカードの無計画な利用によって、支払い不能に陥り、最後は破産してしまう人が出てくることになる。

（3）割賦販売法

　割賦販売法は、その名の通り割賦販売（分割払い）、ローン販売についてのルールを定めている法律である。クレジットカードに限らず、分割払いで物やサービスを購入するということは、購入者が十分な自覚がないままに多額の債務を負うなどの危険性があるから、これらをまとめて規制の対象にしている。いくつかの販売形態にわけてルールが定められているが、クレジットカードを利用し3か月以上の分割払いで購入をした場合には、割賦販売法の包括信用購入あっせんと呼ばれる販売形態を行ったことになり、割賦販売法が適用される。

　割賦販売法の定めにより、クレジットカード会社などが包括信用購入あっせんを行う際には、経済産業省に登録をすることが義務付けられる。また、カードを発行する際には、会員となる人の支払い可能額を調査して、支払い可能額を超えるような上限設定のカードを発行してはならない。カードが発行された後は、カードが利用された場合には書面を交付し、利用額や支払い方法、手数料などをカード会員に知らせる必要がある。これらの方法によって、クレジットカードの無計画な利用による支

払い不能といった事態が生じないようにしているのである。

4 │ 連帯保証

（1）保証人になるということ

「どんなに親しい人の頼みでも、連帯保証人にだけはなってはいけない」という忠告を親から受けたことのある人もいるだろう。それほど恐ろしい連帯保証とは、どのような制度なのだろうか。

連帯保証は、連帯保証契約によって成立する保証の一種である。保証とは、他人の債務について履行の責任を負うことである。わかりやすく言うと、ある人の保証人になるということは、その人の負っている債務について、支払いがなされない場合には自分が代わって支払うことを約束している、ということである。もっと簡単に言えば、借金の肩代わりを約束するということである。

連帯保証契約は、保証人に、主債務者（本来の債務者）と同等の重い責任を負わせる保証契約である。つまり、借金をした本人と、同じだけの責任を保証人が負わされることになる。例えば、借金をした本人が支払いをせずに逃げ回っている場合、債権者は、連帯保証人に対していきなり債務の履行を請求できる。連帯保証人は債権者に、まず主債務者本人に請求してくれと求める権利すらない。文字通り、連帯保証人は、主債務者と連帯責任を負わされるわけである。

（2）連帯保証契約の意味

実際には、連帯保証契約は社会で広く使われている。金銭を貸す側、借りる側にしてみると、連帯保証はとても便利な制度だからである。

住宅ローンのところで説明したように、金融機関など金銭を貸す側は、貸し倒れのリスクを小さくするために、債務者の不動産に抵当権を設定

するなど、債務者の財産を担保にとろうとする。債務者がそうした財産を持っていない場合、金融機関は自らの貸し倒れのリスクを小さくするために、連帯保証人になってくれる人を探してくるように債務者に要求する。連帯保証人がいれば、いざというときに保証人から貸した金銭を回収できるので、それだけ貸し倒れのリスクが減るからである。

　金銭を借りる側の債務者にしてみても、連帯保証人になってくれる人が見つかれば、自分に担保に差し出す財産がなくても、金銭を借りることができる。つまり、連帯保証人とは、債権者に担保として差し出す財産がない債務者が、自分の知人や友人の財産を担保に差し出す行為なのである（このため、保証のことを「人的担保」とも呼ぶ）。

　誰かの連帯保証人になるということは、自分には１円も入らないのに、その人の借金を肩代わりするのと同じである。だから、連帯保証契約書にハンコを押すということは、それだけの責任を負う覚悟がなければ絶対にしてはいけない行為なのである。もちろん、借金をする人は、「返せる当てがあるから迷惑をかけることはない」と言うだろうが、個人破産の原因の約１割は、保証債務や他人の債務の肩代わりであることは知っておかなければならない。

5 ｜ 多重債務に陥ってしまったら

（1）破産手続

　ここまでの説明で、人は突然に、多額の債務を負って返済ができなくなり、住居や友人知人の信頼を一瞬で失ってしまうことすらあることがわかるだろう。突然の病気や不慮の事故、リストラなどがきっかけになって、今まで払えた住宅ローンが払えなくなることや、生活費に困ってカードで買い物をしているうちに多重債務状態に陥ることは、それほど珍しいことではない。さらに、知人の連帯保証人になっていると、そ

の知人が多重債務状態に陥ったことをきっかけに、自分までも巻き添えを食うおそれがある。

　不幸にして、多重債務状態に陥ってしまった場合には、どうすればよいのだろう。ここで、破産制度について説明をしておこう。

　債務者の有している物や債権などをプラスの財産、負っている債務をマイナスの財産と考えた場合に、プラスマイナスを計算して、マイナスの方が大きい場合を債務超過と言う。債務超過が長く続くと、債務の支払いが不可能になる場合がある。こうなると、いったん財産を整理して、経済生活の再生の機会を確保する必要がある。このための制度が、破産である。

　破産手続は、債権者または債務者の申立てを受けて、裁判所によって開始の決定が行われる。破産手続が開始すると、破産者（債務者）が破産手続開始の時点で有していた財産の管理や処分は、最低限のものを除いて破産管財人に委ねられる。破産管財人は、破産者の財産を金銭に換えて、債権者に平等に分配（配当）を行う。破産手続が終了すると、裁判所は通常、破産者の免責（債務者がこれ以上借金を返す必要がなくなること）を許可する決定をする。

　つまり破産手続とは、破産した人がその時点で持っている財産を債権者に公平に分配して、支払いきれなかった債務を免除してもらう手続である。これによって破産者はプラスの財産を失うが、マイナスの財産（借金）もゼロになり、ゼロからやり直すことができるようになる。

（2）破産手続利用の注意点

　破産手続と、それに伴う免責許可決定は、多重債務状態から逃れるための便利な制度である。しかし、いくつか注意点がある。

　第1に、破産手続を利用しても、裁判所が常に免責を認めてくれるとは限らないということである。例えば、クレジットカードを利用して換金の容易な商品を大量に購入し、それを転売して現金を得るような行為

がなされた場合、裁判所は破産者の免責を認めないことがある。クレジット会社への支払いの見込みがないのに、そうした形でカードを利用する行為は、刑法上の詐欺罪に該当する可能性もある悪質な行為であり、こうした不正行為をした人は免責制度の恩恵を受けられない。経済的に余裕がなくなると、目先の利益のためにこのような行為に手を染める人がいるが、それによって再起する機会すら失ってしまう危険性があるのである。

　第2に、いったん破産免責の許可決定を受けると、原則として7年間は再び破産しても免責許可の決定を受けることはできない（破産法252条1項10号）。このため、破産免責の制度は便利だといっても、むやみに使うことはできない。

　第3に、金融機関は、弁済を怠った債務者のブラックリストを作り、その情報（信用情報）を共有している。このため、過去に破産免責を受けた人に対して、銀行などの大手の金融機関が再び金銭を貸すことはほとんどない。逆に、金融業者の中には、こうした破産免責を受けた人を狙って、金銭を貸し付ける業者もある。7年間は破産手続を利用される心配がない上、銀行などから借りられないという弱みにつけこんで高い利息をとることができるからである。このように、破産手続を利用することによるデメリットも存在するわけである。

（3）債務整理

　破産手続を利用すれば、債務者はマイナスの財産である債務を免れることはできるが、プラスの財産である自分の持ち家なども失ってしまう。多重債務者が、破産手続を利用しないで多重債務状態を解消することはできるだろうか。債権者が協力してくれれば、可能である。

　債権者にしてみると、債務者に安定した収入があり、返済の意欲があるのであれば、返済を猶予して、細く長く返済してもらう方が、破産手続を利用されるよりも得な場合がある。そこで、債務者から現実的な返

済計画が示されれば、債権者は抵当権の実行などの強制的な債権回収手段を控えてくれる可能性があるのである。

　重要なことは、返済の可能性があるうちに、支払うべき債務の負担を把握し、返済計画を立てることである。こうした行為を債務整理と呼ぶが、多重債務状態に陥った債務者が、一人で冷静にこうした債務整理を行うことは難しい。弁護士や司法書士などの法律家が債務整理の相談に乗ってくれる。借金で首が回らなくなってしまったら（あるいはそうした人が周りにいたら）、まずは弁護士会や地方自治体などが開催している無料法律相談を利用して、法律家のアドバイスを受けてみるとよい。

テーマ**2** 家族と法

はじめに

　ここでは、「家族と法」をめぐる問題について取り上げるが、どのような問題状況があるのか、すぐには理解できないかもしれない。そこで、最初に問題の背景について簡単に説明しておこう。

　これまで見てきたように、「法」とは社会において人々が従うべきルールであり、違反した人に対して刑罰などの公権力による制裁が課されるのが特徴である。この法が存在することによって社会の秩序維持が可能になるが、法による秩序維持をあらゆる場面に及ぼすことに問題がないわけではない。

　ここで問題となるのは「部分社会」の自律性という論点である（法学では「部分社会の法理」として論じられている）。かなり難しい論点ではあるが、わかりやすく説明すると、一部の組織や団体に対しては、公権力は介入すべきではなく、内部の秩序維持はその組織・団体に任せるべきであるという考え方のことである。

　例えば、ある私立高校で「アルバイトをすることを禁止する」という校則があったところ、この校則に反対する生徒が裁判所に訴えてその廃止を求めたとしよう。

　一方で、部分社会の自律性を踏まえると、**考え方1**として「私立高校は一つの部分社会であり、その内部秩序について公権力は介入すべきではない」という結論に行きつく。このような考え方によると、校則をどのように定めるかについて、公権力（裁判所）は介入してはならないので、裁判所はその廃止を命じることはできないこ

とになる。

　他方で、**考え方2**として「私立高校に部分社会としての性質を認めるべきではなく、私立高校の内部秩序に対しても公権力が介入できる」という結論もありうる。この場合、校則の内容を裁判所は審査できるので、その内容に違憲・違法な点があれば、その廃止を命じることもできることになる。

　どちらの考え方にもメリット・デメリットがあるので、唯一の正解があるわけではないが、**考え方1**の背景には、内部秩序の維持はその団体に委ねた方が適切な結果がもたらされる、という評価がある。別の言い方をすると、**考え方1**では、法による秩序維持は必ずしも万能ではなく、一定の限界が存在することが前提とされているのである。

　さて、ここで取り上げる「家族」も、その規模は小さいとは言え、一つの部分社会に当たると考えられなくもない。そうすると、家族の内部で起こる様々なトラブルについては、公権力の介入によって解決するよりも、家族に任せた方が好ましいということになる。しかし、果たしてこのような考え方は妥当なのだろうか？

第**11**章 行政法から考える家族と法

1 児童虐待と児童相談所

　児童虐待とは、親が子に暴力を振るったり、言葉による脅しを加えたりして、肉体的・精神的にダメージを与えることを意味する。より詳しくは、保護者がその監護する児童（18歳未満の者）に対して傷害・暴行を加えたり、必要な養育を怠ったり、著しい暴言を吐いたりすることが児童虐待に当たるとされる（児童虐待防止法2条）。

　ニュースや新聞で児童虐待の事件を見聞きすることも多いが、ひどい場合には、児童が死んでしまったり、深刻な心の傷を負ったりすることがあるので、「法」の力で児童虐待を何としてでも止めさせなければならない。しかし、児童虐待の防止については様々な問題が潜んでおり、その実効性を高めるのは容易ではない。

　その一つの方法として、刑法に基づく制裁、つまり児童を虐待した保護者に刑罰を科すことが挙げられる。懲役や罰金という制裁を与えることで、虐待が繰り返されるのを防ぐのである。この方法は確かに効果的であるように思えるが、次のような欠点があることに注意しなければならない。

　まず、原則として、被害が起きた後の事後的な対応となることである。例えば、傷害罪（刑法204条）であれば、実際に児童が傷害を受けた後でなければ罪に問うことはできない。傷害に至らない程度のものであれば、場合によっては暴行罪（刑法208条）で処罰することはできるが、刑罰の程度が軽いため、児童虐待を防ぐのには不十分である。また、

深刻な虐待が起きてしまえば、いくら重い刑罰を科したとしても損害の回復は難しいので、より早期の対策が必要とされる。

　次に、刑罰を科すためには、犯罪捜査を行って十分な証拠を集める必要があるが、児童虐待は家庭という「密室」で起きる事件である上に、特に乳幼児であれば、自分から被害を訴えることは難しいため、外部からは実態を把握できないことも少なくない。そのため、証拠が不十分であるとして罪に問えないこともあるのである。

　そして、最も重要な問題は、保護者に刑罰を科したとして、残された児童をどのように養育していくか、という点である。児童虐待に及んだ保護者に懲役刑を科すと、刑務所に入ることになるから、児童を養育する人がいなくなってしまう。祖父母などの親戚に養育を依頼できればよいが、そのような親戚がいない場合にはどうすればよいのだろうか。また、罰金刑の場合には、保護者は再び児童と生活できることになるが、得てして児童虐待は繰り返されることが多いので、場合によっては、保護者と児童を引き離すことが必要なケースも出てくる。

　そこで、被害が起きる前に、被害が起きそうな兆候が見られたら、より迅速に対処して児童を安全な場所に移すことが求められるが、そのために「法」はどのような仕組みを用意しているのだろうか。また、その仕組みは「家庭と法」の観点からどのように評価されるのだろうか。

　行政法では、児童虐待を防止するための切り札として、児童虐待防止法と児童福祉法の二つの法律が定められている。

　法律の基本的な仕組みを先に説明すると、行政には、①児童虐待の疑いがある場合に家庭への立入調査などを行うこと、②児童虐待の事実が判明した場合には、被害を受けた児童を特別の施設に入所させて、保護者から遠ざけること、③被害の再発を防ぐために、保護者が児童に面会することを制限したり、場合によっては親権の停止を家庭裁判所に申し立てたりする、といった権限が認められている。また、④このような任務を担う特別の行政組織として、「児童相談所」が設置されている。

重要なポイントを補足すると、①については、児童虐待を発見するために様々な工夫がされているのが特徴である。先に見たように、児童虐待は家庭内で起きることから、わずかな手がかりを見逃さないことが重要である。そこで、「児童虐待を受けたと思われる児童を発見した」人は、児童相談所などに通告しなければならない、という通告義務が定められている（児童虐待防止法6条）。

この通告義務は学校や保育所の職員だけでなく、一般の人々にも及ぶのが特徴である。例えば、病院の医師が児童を診察する際に大きな「あざ」を見つけた際に、状況証拠から虐待が疑われる場合には、児童相談所に通告しなければならない。また、近所のマンションから児童がひどく泣き叫ぶ声が聞こえた場合には、周辺の住民も通告の義務を負う。

もっとも、通告によって得られた情報だけでは、児童虐待の有無を判定するのが難しいこともある。例えば、大きな「あざ」があるとしても、それが転んでできたものなのか、保護者の暴力によるものなのか、すぐにはわからないときには、どうすればよいのだろうか。

そこで、行政（児童相談所）には、虐待の有無を確かめるために自宅に立ち行って調査する権限が認められている。これは極めて強力な権限であり、保護者が調査への協力を拒否する場合でも、児童相談所の担当官は裁判所の許可を得ることで強制的に立ち入ることができる。また、保護者が強固に抵抗する場合には、警察官が抵抗を排除することも認められている。児童の健康・生命を守るためには、家庭のプライバシーを犠牲にしてでも、行政による調査が優先されるのである。

また、②については、児童を養育するための特別の施設として「乳児院」や「児童養護施設」が整備されている。これらの施設では、児童虐待に限らず、病気や貧困などの理由で保護者の養育を受けられない児童が生活を送っている。行政からの補助金により、保護者に代わって児童を養育する体制が整えられているのである。

もっとも、児童虐待の有無について行政と保護者が対立して、施設に

児童を入所させることに保護者が強く反対するといった場合もある。確かに、保護者から見れば、子どもを家族から引き離すことは重大な人権侵害に当たることは疑いないので、施設への入所は慎重に判断されなければならないだろう。

　しかし、虐待から児童を守るためには、強制的に児童と保護者を引き離すという手段に訴えないといけない場合も、稀にではあるが存在する。そこで児童福祉法28条1項は、児童虐待の疑いがある場合には、保護者が反対しているとしても、行政（都道府県知事）が家庭裁判所の承認を得て児童を施設に入所させることができると定めている。これも極めて強力な権限であるが、安易に権限が用いられないように、家庭裁判所のチェックが及ぶのが特徴である。

　③については、児童を児童養護施設に入所させた後も、児童虐待に改善が見られない場合には、保護者と児童を引き離し続ける必要がある。そこで、保護者が児童との面会を望んだ場合にも、行政はこれを拒絶できると定められている。

　また、「親権停止」と言って、養育に関する保護者の権利を消滅させることもできる。簡単に言えば、この親権停止によって、法律上は保護者としての資格が認められないことになるので、児童は保護者からの干渉を受けずに生活できるのである。

　児童虐待防止に関する行政法の仕組みは以上の通りである。そこでここからは、この仕組みの問題点について、「家庭と法」という観点から少し考えてみよう。

　まず、「はじめに」で挙げた**考え方1**に即して家族の自律性を強調すると、家庭での「しつけ」の範囲にとどまる問題であれば、それは家庭に任せるべきであり、公権力（行政や裁判所）が介入すべきではないという結論になる（もちろん、どこまでが許容される「しつけ」なのか、という問題はあるが、この点はさしあたり置いておく）。また、虐待が疑われるけれども、その疑いがそれほど強いのでなければ、これも公権

力が介入すべきではないことになる。

　確かに、「しつけ」がエスカレートして虐待となり、さらには、児童の死亡や重傷といった重大な損害が生じるケースも稀ではない。しかし、ほとんどの場合には、多少厳しいしつけがあったとしても、一定の節度は守られることから、深刻な被害が生じることはない。そうすると、わずかな疑いがある場合全てで公権力が介入すると、人々は行政や裁判所の影に怯えながら子育てをするという事態になってしまい、息苦しい世の中になってしまうかもしれない。また、児童にとっても、親元から引き離して育てることが幸せかと言うと、必ずしもそうとは言えない。

　このように考えていくと、家族の幸せについて最も適切に判断できるのはその家族であるから、公権力の介入はなるべく抑えた方がよいことになる。しかし、当然のことであるが、このような考え方には強い批判がある。

　そこで、「はじめに」で示した**考え方2**に即して、家族の自律性よりも児童の福祉を優先させるのであれば、虐待の疑いを発見次第、公権力は躊躇なく家族に介入すべきであるという結論になる。そして、必要に応じて児童養護施設への入所などの強力な手段をとるべきことになる。

　これにより、深刻な児童虐待を未然に防ぐことが期待できるが、先に説明したようなデメリットもある。この問題にも唯一の正解は存在しないので、難しい判断が求められるが、読者の皆さんはどちらの考え方に賛同するだろうか。

　なお、近年の日本では、**考え方2**に即して公権力による介入を強化する方向に動いている。世論やマスコミが児童虐待に対してより厳しい姿勢で臨むようになり、その結果、児童虐待防止法が繰り返し改正されて、行政により強い権限が認められたのである。

　この傾向は望ましいことであると考えられるが、この強力な権限を実際に行使する公務員や裁判官には、これまで以上に重責がのしかかることになる。児童を守るために行政や裁判所に何ができるのか、そして、

何をすべきなのか、これからも考え続けなければならないだろう。

2 │ 学校教育と「教育の自由」

　次に、学校教育をめぐる「家族と法」の問題を取り上げてみよう。日本では、この問題は普段あまり意識されないとは思われるが、理論的には興味深い論点であるし、いわゆる「不登校」などの問題をめぐって重要な争点となることもある。以下では、いくつかの基本を確認することから始めよう。

　まず、個人の成長・発展のために教育は必要不可欠なものであるから、日本国憲法でも国民に「教育を受ける権利」が保障されており、その実現のために各種の教育制度が整備されている。また、憲法26条2項の定めにより、保護者はその保護する子女に普通教育を受けさせる義務を負っている。

　もう少し詳しく見ると、学校教育法16条は「（保護者は）子に9年の普通教育を受けさせる義務を負う」と定めている。この9年間の普通教育のことを特に「義務教育」と呼んでおり、小・中学校がこれに当たる。そして、この義務教育を実現するために、行政（地方自治体）は公立の小・中学校を運営するとともに、私立の小・中学校に補助金を支給してその運営を支援している。

　また、ここで言う「普通教育」の内容は学校教育法で決まっていて、さらに詳細な内容については、行政（文部科学省）が「学習指導要領」という形式で定めている。私立学校の教育内容にもこれらの規定が適用されるので、公立であれ私立であれ、その教育内容に大きな違いはない。

　もちろん、全ての家庭に義務教育が行き渡るように、憲法26条2項に基づき、義務教育の経費は国や地方自治体が負担することとされている（これを「義務教育の無償化」と呼んでいる）。ただし、教材費や通

学費、給食費などは家庭で負担しなければならないが、特に低所得層に対しては、これらの費用も国や自治体が負担するという特別の支援制度が用意されている。

このような日本の義務教育の仕組みには批判も少なくないが、世界的に見ても高水準の教育が提供されており、その恩恵は広く国民に享受されていると評価できるだろう。読者の皆さんも、学校教育に対する不満を多かれ少なかれ感じていたかもしれないが、この制度それ自体に疑問を抱くことはなかったのではないだろうか。

しかし、「家族と法」という観点から考え直してみると、このような普通教育の仕組みには、家族による教育の選択を阻害するという側面もある。つまり、部分社会の自律性を認める**考え方1**からは、子どもにどのような教育をするか、という点は家族内で決めるべきであり、公権力（国や地方自治体）による介入は抑制すべきである、という批判が存在するのである。

確かに、「教育」といっても、その内容や目的、手段については様々な選択肢があり得る。言い換えると、どのような目的のために何をどのように教えるのか、といった点には唯一の正解があるわけではない。そのため、教育の目的・内容・手段に関する選択を家族に任せた方がより適切な結果がもたらされる、という考え方も成り立つだろう。

この観点から日本の普通教育を見てみると、その仕組みがかなり画一的で硬直したものであることがわかるだろう。例えば、子どもが学校での教育に換えて、自宅で家庭教師による教育を受けた場合、それが内容的に普通教育と同等のものであるとしても、法律上は普通教育を修了したことにはならない。他にも、いわゆる「フリースクール」と呼ばれる教育施設で学んだとしても、学校教育法に定める正規の学校には当たらない以上、やはり同様の問題が生じるのである。

このような硬直性は、学校での教育に適合できない一部の子どもたちにとって、深刻な問題になっている。いわゆる「不登校」の子どもたち

にとって、学校での教育は肉体的・精神的に大きなダメージを与えるために、代わりの教育手段が必要とされるが、現在の仕組みではそのような融通がきかないからである。

　また、保護者が、宗教上の理由やその他の信条による理由から、より自らの信条にあった教育を子どもに与えたいと希望する場合もあるだろう。また、子どももそのような教育を望むことも十分にあり得る。しかし、私立の小・中学校が提供する宗教教育が普通教育として認められる場合は別として、このような特別な教育は現行制度のもとでは許容されていないのである。

　生徒の宗教的な信条と学校教育の内容とが衝突した著名な事例として、エホバの証人剣道実技拒否事件がある。この事件では、「エホバの証人」と呼ばれる宗教の信者である高等専門学校生が、その教義に従って体育の剣道の実技を拒否したところ、必修である体育の単位が認定されず、結果として退学処分が命じられたため、宗教的な理由から公立学校における授業の履修を拒否することが許されるか否かが争点となった。最高裁は、学校側が生徒の信仰の自由に配慮せずに退学処分を命じたことは違法であるとして、この生徒の復学を認めた。この判決は、生徒の信仰に配慮して教育内容を柔軟に変えることを求めるものであり、その意味で、家族が教育内容を選択することを一定の限度で許容していると言える。ただし、これはあくまで例外的な判断であり、このような特別な配慮が学校教育の場で一般的に認められているわけではない。

　そこで、教育に関する家族の希望が叶うように、公権力による介入を緩やかにすること、具体的には、より自由で柔軟な教育手法を法律で認めることが提案されている。実際、一部の国会議員からは、フリースクールや家庭での学習を義務教育の一つの形態として位置づけるための法案が提出されているが、残念ながらこの改革は現在も実現していない。

もちろん、教育内容などの選択に関する家族の自由を拡大することには、部分社会の自律性を認めない**考え方2**の立場からの批判が提起されている。その背景にあるのは、教育は社会にとっても重要な関心事である以上、公権力による介入が必要であり、家族の自由に委ねることはできない、という考え方である。

　確かに、この考え方にも説得力を認めることができる。子どもたちも社会の構成員である以上、社会にとって重要な価値を学校教育を通じて教えることの必要性は否めないからである。

　この点、教育基本法は教育の目標として、例えば「正義と責任、男女の平等、自他の敬愛と協力を重んずるとともに、公共の精神に基づき、主体的に社会の形成に参画し、その発展に寄与する態度を養うこと」を挙げているが（教育基本法2条3号）、このような目標が達成されることにより、より良い社会が実現されることは疑いないところである。

　逆に言えば、かなり極端な例ではあるが、例えば「男女の平等」という価値を否定するような教育を家族が選択した場合、長い目で見れば、それは日本の社会にとってマイナスであると言うしかない。また、数学や理科といった自然科学の知識を全く教えないような教育も、日本の科学技術の発展を損ねるものであるし、何よりも、将来その子どもに多大な不利益をもたらすだろう。

　このように、普通教育の成否は社会のあり方を大きく左右することから、公権力（国や地方自治体）がその内容や方法を決定するという考え方にも合理性が認められるのである。ただし、改めて考えると、部分社会の自律性に関する**考え方1**と**考え方2**を両立させることも十分可能であろう。原則として**考え方2**に即して現在の普通教育の制度を残しつつも、ひとりひとりの子どもの置かれた状況に対応して柔軟に例外を許容することも十分に可能だからである。その場合、教育の内容や質が一定の水準に達しているか否かについては、行政（教育委員会）がチェックした上で、教育の方法については家族の自由に任せるといった方法が考

えられる。

　なお、この問題について考える際には、保護者と子ども、行政それぞれの立場に目を向けなければならないことに注意しよう。すなわち、教育内容などをめぐって、①「家族（保護者＋子ども）」と「行政（学校）」が対立する場合と、②「保護者」と「子ども」が対立する場合があり、それぞれ問題状況が異なるのである。

　①の例としては、保護者と子どもが揃って普通教育以外の教育を望むのに対して、行政がそれを認めない場合が挙げられる。先に「家族と法」の問題として取り上げたのは主としてこのようなケースであり、家族と行政とが直接に対決することになる。

　他方で、②の例としては、保護者が普通教育以外の教育を望むのに対して、子どもは普通教育を希望するという場合が挙げられる。この場合には、対立は家族の内部に存在するのが特徴である。難しい判断が求められるが、筆者個人の意見としては、教育に関する親の権利よりも、子どもの利益を優先させるべきであると考えたい。

　もっとも、保護者が普通教育を望むのに対して、子どもは普通教育を拒否する場合（その一例が「不登校」である）には、問題はより複雑化する。この場合にも、子どもの利益を優先させた上で、代わりとなる教育の機会を保障すべきであると考えるが、それが必ずしも容易ではないことは先に見た通りである。

　さて、「家族と法」の観点から現行の教育制度を見つめ直すと、様々な問題が潜んでいることが理解できたと思われる。質の高い教育を等しく国民全体に行き渡らせるという観点からは、画一的な普通教育の制度の方がメリットは大きいと言える。しかし、様々な理由で普通教育を受けられなかった子どもたちのためには、より柔軟で多様な教育制度を用意した上で、その選択を家族に委ねた方が望ましいと言える。このように、教育をめぐっても、「家族と法」は常に緊張関係にあることを覚えておこう。

1 | 私たちと家族

　当たり前のことであるが、私たちは完全に独りで社会生活を行うこと
はできず、他人との関わりの中で、他人に支えられて生きている。そう
した、私たち個人の生活を支える関係の中で、最も重要かつ身近なもの
が家族である。特に、未成年の子にとっては、家族の中で育てられるこ
とはその心身の発達にとって重要である。愛のある家庭で育てられるこ
とが子の幸せだというのは、陳腐であるけれども、否定することができ
ない主張である。

　とはいえ、現代の社会では、家族のあり方そのものが、昔とは異なっ
てきている。様々な場面で、夫婦とは何か、親子とは何か、家族とは何
かといったことを問い直さなければならない問題が生じているのである。
民法の家族に関する基本ルールを説明しながら、そうした問題について
少し踏み込んで考えていきたい。

2 | 婚姻の定義と成立の条件

（1）明治民法と婚姻

　憲法24条1項は、「婚姻は両性の合意のみに基づいて成立し、夫婦
が同等の権利を有することを基本として、相互の協力により維持されな
ければならない」と規定する。この規定の意味を知るには、第2次世界

大戦以前の家族制度（明治民法）がどのような仕組みになっていたかを知っておく必要がある。

1898 年に成立した明治民法の親族編は、「家」という制度を前提に作られていた。それは「戸主」をリーダーとし、その親族や配偶者らによって構成される集団を、ひとまとまりの家族とする考え方である。このような、明治民法における「家」の制度は、家のリーダーである戸主が家族や家の財産に対する決定権を持ち、それ以外の家族構成員の権利は制約を受けていた。このため、家族は戸主の意に反してその住む場所を定めることはできず、婚姻にも戸主の同意を必要とした。

現在の私たちは、親に反対されても、成年に達した男女であれば当事者の合意だけで婚姻をして、新たな家族を作って生きていくことができるのは当然だと思っている。しかし、法律上そのことが認められたのは、1946 年に日本国憲法が成立し、それを受けて 1947 年に民法が改正されたからなのである。第 2 次世界大戦での日本の敗戦が契機となって、私たちの社会はより個人の権利や自由を尊重する社会を目指した。1947 年に全面改正された民法は、戸主の制度や「家」という概念を廃止し、夫婦と親子を家族の基本とする規定へと改められたのである。

（2）婚姻が成立する条件

憲法 24 条 1 項は、婚姻は両性の合意のみに基づいて成立すると宣言しているが、実際の婚姻の成立条件について定めは、もう少し細かい。民法によると、婚姻が成立するためには、男女の合意とともに、戸籍上の届出（婚姻届の提出）が必要である（民法 739 条）。婚姻届によって新たな家族の戸籍が作られるわけである。この他にも、婚姻できる年齢の下限は決まっている他（民法 731 条）、近親者間などでの婚姻は禁止されている（民法 734 条～736 条）ように、両性の合意「のみ」によって婚姻が成立するといっても、全く自由に婚姻が認められているわけではない。

このように婚姻の条件は民法によって細かく決まっているが、その中で合理性がないものは憲法違反として規定が改められたものもある。例えば、従来の民法733条は、離婚した女性は6か月間再婚ができないものと規定していた。これは、離婚と再婚の間が短すぎると、女性が産んだ子どもの父親が誰かを確定するのが難しくなるために設けられた規定だが、2015年12月16日に最高裁が、このような長期の再婚禁止期間を定めることは合理性がないとする違憲判決を出したため、2016年に民法改正がされて100日間に短縮された。さらに2022年の民法改正では、父親の定め方に関する規定（→192頁）自体を見直すことと合わせて再婚禁止期間は廃止されることになった。

　再婚禁止期間についての民法改正は、女性について従来は婚姻を認めてこなかった部分について、合理的な範囲で婚姻の条件を緩めて、婚姻を認めていこうという動きの一つである。

（3）同性カップルの扱い

　ところで、この他にも、従来は婚姻が認められなかったカップルに、婚姻を認めるべきではないかという議論がある。同性カップルの問題である。

　私たちの社会には、同性を愛するように生まれついた人々が存在する。かつては、同性愛は病気や悪習と捉えられ、激しい差別を受けることもあったが、現在は異性愛者が「正常」で同性愛者は「異常」という考え方は否定されている。もちろん現在でも、同性愛者に対する差別意識というのは存在するし、そうしたカップルが好奇の目で見られることも多いだろう。しかし、以前に比べると同性愛に対する社会の理解や寛容さは確実に高まっている。

　問題は、その先にある。現在、かなりの数の国が、同性のカップルに対しても婚姻を認めるようになっている。伝統的な異性婚に対して、同性婚と呼ばれる制度を導入し始めたのである。

先に紹介した憲法 24 条 1 項は、婚姻は「両性の」合意によって成立すると規定する。しかし、これは同性婚を積極的に禁止しようという趣旨ではないから、憲法を改正せずに同性婚を認めることは可能であるという考え方もある。ただし、今までの法制度は、同性婚を積極的に禁止してはいないが、積極的に容認しているわけでもない。少なくとも、民法は異性カップルを前提に法制度を作っているから、同性婚を認めるとすれば大改正が必要になるだろう。

　他方、子どもを産むことができない同性のカップルに婚姻を認めるのはおかしいとして同性婚に反対する立場もある。しかし、婚姻をしても子どもを持たない選択をする異性カップルも多いことや、養子縁組や人工授精などの方法で、同性カップルでも子どもを持つことが考えられることなどから、反対意見として合理性がないという意見もある。

　同性婚は、従来は異性のカップルにしか認められてこなかった婚姻について、その定義を根本から見直すという意味がある。なぜ、婚姻は異性との間にしか認められてこなかったのか、伝統的に形成されてきた婚姻という概念を見直すことにどのような意味があるのか、そもそも、家族とは何のためにあるのか、といった問題について、国民全体の議論が必要だろう。国によっては、婚姻は異性カップルにしか認めないが、同性カップルには婚姻と同等の法的地位を認める登録パートナーシップ制度といったものを導入するといった方法で、婚姻の定義を変更せずに問題を解決しようとした例もある。日本でも地方自治体のレベルで、同性カップルの登録パートナーシップ制度を設立しようという動きがある。また下級審の裁判例の中には、同性カップルに婚姻の効果を一切認めないことは法の下の平等を定める憲法 14 条 1 項に違反するとした例（札幌地裁令和 3 年 3 月 17 日判決）や、同性カップルのための法制度を国が用意しないことは個人の尊厳に立脚した家族に関する法律の制定を命じる憲法 24 条 2 項に違反するとした例（名古屋地裁令和 5 年 5 月 30日判決）が現れている。国の法制度としてどういうあり方が望ましいの

か、異性愛者も同性愛者も一緒に考えるべき時期が来ているように思われる。

3 | 婚姻と事実婚

（1）夫婦間の法律関係

　婚姻により夫婦になると、どのような法律関係が生じるだろうか。民法750条以下を見てみよう。

　まず、婚姻をした夫婦は、婚姻の際に定めた夫または妻の姓を名乗ることになる。また、夫婦は同居し、互いに協力し扶助する義務が生じる。この他に、民法には規定はないが、貞操義務といって、不倫をしない義務が生じると考えられている。また、夫婦の財産は、基本的には夫と妻が別々に所有するが、共同生活を送るための費用は、その夫婦の資産収入その他の事情に応じて二人で分担をすることになっている。

　このように、夫婦は、婚姻によって様々な義務を互いに負うことが民法で規定されている。とはいえ、夫婦間の義務というのは、それほど強力な効果を持つものではなく、例えば夫婦には同居の義務があるといっても、裁判所が同居を強制する判決を下すわけではない。民法が定める夫婦間の義務に違反することの実際上の意味は、違反行為があると夫婦の離婚原因として考慮される場合があるということである。

（2）事実婚カップルの法律関係

　夫婦間の法律関係は、婚姻をした男女について認められるものであるが、これを婚姻類似の共同生活をしている異性間のカップルにも認めていこうという考え方が、裁判所によってとられてきた。これを「内縁準婚理論」と言う。

　内縁準婚理論の歴史は古く、明治民法の時代に既に確立した法理論と

なっている。それは、当時は足入れ婚と言って、男女が婚姻をして結婚式などを済ませても、すぐには婚姻届を出さないまま夫婦生活を送り、女性が妊娠し子どもを産んだら婚姻届を出すが、子どもが生まれなければ、女性を家から追い出すといったことが行われていた時代だったからである。つまり、裁判所は正式な婚姻でなくても、婚姻に準じる関係を結んだ男女間には、夫婦としての法律関係が成立するのだというルールを採用することで、女性の法的地位を守ろうとしたのである。

　内縁準婚理論というのは、婚姻をしていないカップルにも、法律上の夫婦と同等の法的地位を認めていこうという考え方によって成り立っている。これはこれで、十分理解できる考え方である。しかし、現代の社会では、婚姻をしていないカップルに、どこまで法律上の夫婦と似た関係と認めるのかが問題となることがある。

　最高裁では、お互いの生活に干渉しないという取り決めのもとで、あえて婚姻届を出さなかった男女のカップルについて、男性の側から一方的に別れを告げたことが、女性に対する不法行為に当たるかが争われたケースがある。そのカップルは、お互いの取り決めの中で、互いの同居義務や扶助義務を否定し、生活費なども完全に別々で、さらには二人の間の子どもについても女性は養育の負担を負わないことなどを取り決めていた。そうした中で、男性側が別の女性と婚姻してしまった。最高裁は、このカップルには、「婚姻及びこれに準ずるものと同様の存続の保障を認める余地がない」とし、男性は女性に何ら法的な義務を負っていないとして、不法行為の成立を否定した。

　このケースは、法律上の夫婦に課される様々な法的義務を嫌って、あえて婚姻届を出そうとしなかったという場合である。このようなカップルについて、裁判所が法律上の夫婦と同じように、様々な法的義務を課すことは、かえってそのカップルの自由を奪うのではないかという考え方もできる。このようにカップルのあり方が多様になると、どこまで夫婦間の法律関係と似た関係と認めてよいかが、問題になってくるのであ

る。

（3）夫婦別姓論議

　こうした問題と関連して、わが国で長いこと議論があるのが、夫婦別姓（夫婦別氏）制度の導入に関する議論である。

　夫婦は、婚姻に際して夫または妻の姓を選択し、同じ姓を名乗ることが義務付けられている。これは、明治民法の際に、家単位で戸籍が作られたことの名残として、戸籍制度を個人ではなく、家族単位で作るようになっているからである。

　しかし、これから婚姻しようと考えているカップルの中には、自分の姓に愛着があって変更したくないという人や、姓を変更すると仕事相手から同一人物と認識してもらいにくいといった事情を抱える人もいて、そうした人の中には、民法を改正して、夫婦が同じ姓を名乗る義務をなくしてほしいという希望を持っている人がいる。

　2015 年に最高裁は、夫婦同姓制度を採用する民法の規定は、憲法に違反しないとする判決を下した。最高裁によると、姓には、個人の呼称とは別に、家族の呼称としての意味があるから、夫婦が同じ姓を名乗るよう定める民法の規定には一定の合理性があるという。ただし、民法を改正して夫婦別姓制度を導入することを否定しているわけではなく、それは国会で議論して決める問題であるとしている。

　現在、夫婦別姓制度を希望するカップルの中には、選択的夫婦別姓（婚姻する夫婦が同じ姓を名乗るか、別々の姓を名乗るかを選択できる制度）の導入を希望して、法改正があるまでは婚姻届を出さないとしているカップルもいる。しかし、夫婦が別の姓を名乗ることは離婚率を上げる原因になるといった反対論も根強く、導入をめぐる議論はここ最近加熱しつつある。

　ここで、先ほどの問題がまた出てくる。夫婦同姓を強制されることに不満で婚姻届を出さないカップルについて、法律上の夫婦と同じような

法律関係を認めるべきだろうか。例えば、こうしたカップルの一方が不
倫をした場合、他方に対する不法行為は成立するだろうか。こうした
カップルは、現行の制度に不満で、婚姻届の提出をあえて回避している。
しかし、別々の姓を名乗りたいという点以外は、婚姻をした夫婦と同じ
ように扱ってほしいと考えている。こうしたカップルをどう扱うべきな
のだろうか。ここにも、婚姻をすることにはどういう意味があるのか、
家族を作るとはどういうことなのかを考えなければ、答えの出ない問題
がある。

4 ｜ 親子関係

（1）父子関係と DNA 鑑定

　2（2）で婚姻の条件について説明した際に、女性にだけ再婚禁止期
間が設けられていた理由として、産まれてくる子どもの父親を明らかに
するという点を挙げた。この説明に、納得できなかった人もいるのでは
ないだろうか。現代の DNA 鑑定の技術を使えば、女性が産んだ子ども
の父親は科学的に判明する。そうであれば、再婚禁止期間などいらない
のではないかと思ったかもしれない。しかし、民法は、DNA 鑑定によっ
て父子関係を決めていないのである。

　民法の父子関係は、女性が婚姻しているかどうかで次のように決まる。
まず、妻が婚姻中に妊娠した子は、夫の子と推定される（772 条 1 項）。
そして夫は、産まれてきた子が自分の子ではないと考える場合には、1
年以内に訴えを起こさないと、父子関係が確定する（777 条）。その後
は、DNA 鑑定で自分の子ではないことが判明しても、法律的な親子関
係は否定できない。他方、婚姻していない女性が産んだ子の父親は、男
性が子を認知することによって父子関係が成立する。ここでも、DNA
鑑定などは要求されていない。男性が女性の産んだ子の父親であること

を自ら認めれば、たとえそれが真実でなくても、親子関係が成立することになる。

　最高裁には、性同一性障害によって女性から性別変更した男性と結婚した女性が出産した子どもについて、その男性との父子関係を認めた裁判例がある。生物学上の血縁関係がないことが明らかでも、法律上は父親となる場合があることを認めている。

（2）母子関係と生殖医療

　子どもの父親を決めるのに比べると、母親を決めるのは簡単である。子どもは女性の体内から産まれてくるので、母親は産んだ女性であるというのが民法の立場である。このことに疑いが持たれることは、最近までなかった。ところが、最近の技術の進歩によって、このルールに対しても疑問が示されることが増えてきた。

　夫婦の間に子どもが生まれない場合に、不妊治療の一環として体外で人工授精させた卵子を女性の体内に戻し育てて出産する技術が広く行われるようになってきた。このとき、どのような精子と卵子を人工授精させるかで、夫の精子と妻の卵子を受精させる方法、夫以外の男性の精子と妻の卵子を受精させる方法、夫の精子と妻以外の女性の卵子を受精させる方法、夫以外の男性の精子と妻以外の女性の卵子を受精させる方法、の四通りが考えられる。さらに、そうしてできた受精卵を、どの女性の体内に戻し育てて出産させるかでも、妻の体内で育て出産させる方法、妻以外の女性の体内で育て出産させる方法の二通りが考えられる。

　このうち、妻の卵子に受精させて、妻以外の女性の体内で育てる場合（これを「代理出産」と呼ぶことがある）、産まれてくる子は、妻と生物学上の血縁関係があるが、他の女性が出産することになる。先ほどの民法のルールによると、この場合の母親は、子どもを産んだ女性である。しかし、卵子を提供し血縁関係がある女性（出産を依頼した妻）を親と認めるべきであると主張されることが多くなってきている。

外国では、このようなケースで、卵子を提供した女性と、出産をした女性の間に代理出産契約を結ぶことで、卵子を提供した女性を母親と認めるといった制度をとる例もある。しかし、出産した女性が、出産後に子どもを手放せなくなり、母親であるという権利を主張して裁判になったこともある。出産は女性にとって命がけであって、事前に契約を結んだからといって、子どもを簡単には手放せないのだ。

　ここでは、母親と子どもの親子関係を決めるのは、生物学的な血縁関係なのか、その子を出産したという事実なのかという形で、問題が生じている。民法は出産の事実を重視して母親を決めていることになる。

（3）親子関係の意味

　このように、民法上の親子関係は、実際に血縁関係があるかということとは関係のないところで決まる。このようなルールは、科学技術の進歩した現代では時代遅れだという批判もある。しかし、民法がこのような立場をとり続けるのは、その子の法律上の親を決めるのは、親のためではなく、子どものためであるという考え方がある。

　子どもが未成年者である場合、その子の父親を決めるということは、その子の養育に責任を持つ大人を決めるということである。つまり、子どもが成人するまで責任を持って育てる両親を明確な基準で決めることが大事なのであって、生物学上の血縁関係があるかどうかは重要でないと考えるわけである。かえって、生物学上の血縁関係を重視して親子関係を定めるというルールを採用してしまうと、後からDNA鑑定の結果を持ち出すなどして、子どもの養育を放棄する大人が出てくるおそれもある。そこで、民法はあえて、血縁関係を重視しないルールを維持し続けているのだと考えられる。

（4）養子制度

　ところで、血縁関係がなくても、法律上の親子関係が成立することは、

それほど不自然なことではない。民法は、養子縁組によって、法律上の親子関係を作り出すことを認めているからである。また、通常の養子縁組では、実親子関係は維持したまま、養親子の関係が形成されるが、特別養子縁組という制度を使うと、その子どもと実父母との親子関係が終了し、養親と養子の関係のみが残る。この特別養子縁組は、原則として15歳未満の子どもを養子にするときのみ用いられるが、実親子関係に近い養親子関係を望む人のために認められている。

　この特別養子縁組制度を使えば、先ほどの代理出産のケースなどで、代理出産を依頼した夫婦と、代理出産により生まれてきた子どもの間に法律上の親子関係を認めることは可能である。そうではなくて、生物学上の血縁関係がある場合には、実親子関係を認めてほしいのだという要望もあるが、ここまで説明してきた理由によって、民法はそうしたルールをとらないことにしている。

　ここにも、家族とは何かという問題を、改めて考えてみるきっかけがある。養子であっても、固い絆で結ばれている親子関係はたくさんある。血がつながっていることが、親子であることにとって、本質的に重要なことなのか、この点を考えてみてほしい。

第**13**章 刑法から考える 家族と法

1 | 家族と刑法

　伝統的に「法は家庭に入らず」として、刑法の世界では、なるべく家族の問題には関わらないようにしてきた。例えば、あなたが父母や祖父母、あるいは一緒に住んでいる兄弟の財布からこっそり現金を持っていったとしよう。こうした行為は、窃盗罪に当たる可能性が高い。しかし、刑法は、こうした家族間で起こった窃盗については、なるべく処罰をしないような規定を設けている（こういった規定を「親族相盗例」と言う。**2**で詳しく見ていこう）。それでは、なぜ刑法はこのように、家庭内のもめごとについてはなるべく処罰をしないように配慮をしているのか。それは、**第11章**でも触れたように、こうしたもめごとについてはなるべく家庭内で解決を図り、警察や検察・裁判所といった公的な機関が介入しない方が、家族という一つの共同体が結局はうまくいくという考え方がその根底にあるからである（→ 178 頁）。

　こうした考え方にもっともな面があることは、最初に挙げた窃盗罪の事例を思い出せば読者の皆さんも納得されるであろう。子どもが親や祖父母の現金を盗む事例を始めとして、親の持ち物をわざと壊したり、子ども同士、親子、夫婦が喧嘩をしたり、親が子どもをしつけのために部屋から出ないように命じたりすることは、家庭内ではよく起きることである。こうしたもめごとに対して、いちいち警察などが介入するというのは、家族の自律的なあり方にとっては大きなマイナスとなるであろう。下手をすると、警察などが強引に家庭の中に入ったことで、家族がぎく

しゃくしてしまい、その後のコミュニケーションがうまくいかなくなってしまうことも考えられる。したがって、なるべく家庭内のもめごとには刑法は口を出さないようにしている。

しかし、こうしたもめごとの中には、家庭内の自律的な解決に委ねるにはふさわしくないようなものがある。例えば、児童虐待は、家庭内における深刻な問題である。かつては、子どもに対する体罰も親のしつけや教育の一環であると考えられてきたので、法が介入することは少なかった。しかし、近年では、こうした親の（しつけと称する）行き過ぎた行為が、子どもの健全な成長に大きなダメージを与えることが広く認識されている。そこで、国は、「児童虐待防止法」を制定し、従来とは違ってこうした児童の虐待について積極的に介入するようになったのである（→175頁）。

また、親のしつけに関する法的根拠とされてきた懲戒権規定が、2022年の民法改正によって、民法の条文から削除された。同時に、新たに規定された民法821条において、親権者は「体罰その他の子の心身の健全な発達に有害な影響を及ぼす言動をしてはならない」と規定された。このような法改正は、子のしつけのためであっても、体罰等を用いることは許されないことを示すものであり、そうした行為があった場合には刑法が介入することも許容されることになる。

このように、家族のトラブルについては、家庭内での自律的な問題解決に委ねるのでは必ずしもうまくいかず、むしろ刑法が介入した方がよいのではないかという事例がいくつも生じている。この章では、その代表的な事例として、家庭内で生じた財産に関するトラブルと、家庭内暴力（ドメスティック・バイオレンス）について見ていくことにしよう。

2 | 家庭内の財産に関するトラブル

（1）泥棒息子のケース

　長谷川さん一家では、父親が、書斎に置いてある貯金箱に 500 円玉貯金をしていた。父親は財布に 500 円玉があるときにはなるべく貯金箱にそれを入れ、500 円玉が増えるのを楽しみにしていたが、なかなか貯金箱の 500 円玉が 100 枚を超えない。ある日、食卓で話題にしたところ、実は息子がこっそり 500 円玉を抜き取っていたことが判明した。

（2）家庭内でお金を盗むと処罰されるのか

　長谷川さん一家の場合、息子は度々こっそり父親の 500 円玉を抜き取っていて、これまでに 50 枚以上盗んでいたことが判明した。この場合、父親は息子を窃盗犯として警察に突き出して処罰を求めることができるのか。

　実は、刑法では、こういった家族間での財産犯に関しては、一定の場合には処罰をしないという規定がある。この規定のことを、「親族相盗例」（刑法 244 条 1 項）という。条文には、「配偶者、直系血族又は同居の親族」の間で窃盗が行われた場合には、刑が免除されると書かれている。刑が免除されるというのは、大まかに言えば処罰されないということである。したがって、父親は「直系血族」である息子を警察に突き出してもあまり意味はない。結局は自分で息子のことを叱って、これからは他人の物を盗んではいけないと説教をするか、今後はアルバイトなどをしてお金を返すように言うかくらいで、話は終わるだろう。

　このように、親族相盗例とは、やっていることだけを見れば窃盗罪などが成立する場合であっても、問題を家庭内での話し合いといった解決に委ねるために、刑法が介入することを控えるための条文である。これ

を政策的な配慮と言ってもよい。多くの場合には、こうした政策的な配慮によってうまく解決できるであろう。長谷川さん一家でも、息子の話を聞く中で、お小遣いの額が少ないとか、なぜそんなにお金が必要だったかとかを話し合うことになり、家庭内での会話のきっかけになるかもしれない。

　しかし、常にこうしたコミュニケーションがうまくいくとは限らない。コミュニケーションが破たんした家庭の場合にはどうなるのか。そうしたケースを次に見てみよう。

（3）当選した宝くじのケース

　大森さん夫婦は、度重なる喧嘩の結果、離婚の危機を迎えていた。ある日、夫は、これ以上一緒にいるのは我慢できないと考えて、別居をすることを妻に提案し、妻も了承したため、夫は別のアパートを借りて一人暮らしをしていた。しかし、長年の別居の末、いよいよ妻との離婚を目前にして、夫は、妻が独身の頃に宝くじが当たって大金を手に入れ、それを夫に黙って妻の部屋の金庫に隠していることを思い出した。そこで夫は、妻が留守の時間を狙って、合鍵を用いて妻の家に立ち入り、あらかじめ呼んでおいた業者に頼んで、金庫の鍵を開けてもらい、金庫の中に入っていた現金2000万円とダイヤの指輪を持ち出した。

（4）親族相盗例ではうまくいかないこと

　大森さん夫婦の場合、二人は長年の別居の末に離婚直前であって、実質的に見るともはや夫婦とは言えないようなケースである。しかし、形式的に見ると、離婚していない以上、二人はまだ夫婦であり、夫は妻にとっては依然として「配偶者」である。とすると、先ほど見た親族相盗例の条文によると、「配偶者」である夫が窃盗をしたのだから、処罰されないということになる。

　もちろん、この場合でも、妻は夫に対して、民法上の請求はできる。

例えば、盗んだ指輪については、所有権に基づいて返還請求を行うことができるし、夫が現金を使い込んだとしても、不法行為に基づく損害賠償請求（民法709条）ができる（→57頁、120頁）。しかし、それだけで済ませるのが本当に望ましい解決なのか。もう少し考えてみよう。

　もともと親族相盗例が規定されたのは、国が家庭内のもめごとに対して、なるべく家族の自律的な解決に委ねるという政策的な配慮をしたからだと（2）で述べた。しかし、家族が既に破たんしていて、うまく機能していないことが明らかな場合には、家庭内で話し合いなどをして、きちんともめごとを解決できるはずもない。そもそも、顔すら合わせたくないからこそ別居をしているのであって、家族だけで話し合いをしてうまくいくような段階はとっくに過ぎているのである。こうした場合にまで、「法は家庭に入らず」という考え方にこだわるのは、むしろもめごとの適切な解決を放棄しているようにも見える。

　このように見てくると、親族相盗例という政策的な配慮にも、限界があることがわかってくる。そして、最近は、こうした限界をはっきりと指摘して、親族相盗例のような規定を改正する必要があるとの声も聞かれるようになっている。例えば、離婚直前の大森さん夫婦のような事例を念頭に置きながら、配偶者や直系血族、つまり、夫婦や親子であれば常に処罰されないといった規定は行き過ぎであって、せいぜい親告罪にするくらいの方がよい、という意見が出てきている。親告罪というのは、被害者が告訴をしない限りは処罰できない犯罪であって、逆に言えば、被害者が「処罰してほしい」という意思を明らかにすれば、普通の犯罪と同じように加害者は刑事裁判に基づいて処罰されうる。

　実は、「配偶者、直系血族又は同居の親族」以外の親族の場合には、こういった親告罪の規定が設けられている（刑法244条2項）。例えば、大森さん夫婦のケースで、まだ二人が別居する前に、その甥が勝手に家に入り込み、夫婦の現金を持ち逃げした場合を考えてみよう。この場合、甥は夫婦にとって同居していない親族であるため、大森さん夫婦が告訴

をすれば、甥は処罰されることになる。こうした規定であれば、大森さん夫婦は甥に対して、「現金を返してくれればこれ以上もめごとにはしないけど、現金を返さないなら告訴するしかない」といった働きかけを行うこともできるので、民事上の解決にもつながる。そして、仮にそれがうまくいかなくても刑法上の解決を求めることもできる。

3 | 家庭内暴力（ドメスティック・バイオレンス）

（1）犬も喰わない喧嘩から法的な問題へ

　かつて、夫婦間のもめごとは、「夫婦喧嘩は犬も喰わぬ」などと言われ、第三者が余計な口出しをせず、夫婦の間で解決すべき問題であると言われることが多かった。夫婦喧嘩は、夫婦間の微妙な感情のもつれから生じることが多く、第三者にはその理由が十分に把握できないため、下手にアドバイスをしようとしても逆効果になることも多かったためであろう。また、夫婦喧嘩をいったん始めても、ちょっとしたきっかけで再び仲直りすることも多く、第三者が真面目に付き合うと拍子抜けするということも多かったのかもしれない。ましてや、警察のような公的な機関が介入すると、かえって問題がこじれてしまうという発想が強かったのであろう。まさに、夫婦喧嘩は「法は家庭に入らず」の典型例と理解されていたのである。

　しかし、夫婦喧嘩の中には、放置しておけば解決できるようなものばかりではなく、むしろ、放置すると事態が悪化するものも非常に多い。特に、夫婦のうち一方が他方に対して継続的に暴行・脅迫を加えて支配下に置くような事例は、ドメスティック・バイオレンス（DV）と呼ばれており、非常に大きな社会問題となっている。このような問題に対応するために制定されたのが、いわゆるDV防止法である。

（2）DV 防止法とは

①目的

　DV 防止法は、「配偶者からの暴力に係る通報、相談、保護、自立支援等の体制を整備することにより、配偶者からの暴力の防止及び被害者の保護を図るため」（前文）の法律である。ここからわかるように、まず何よりも重要なのは、配偶者からの暴力の防止と被害者の保護である。配偶者からの暴力は、家庭という外部から見えにくい場所で行われるため、エスカレートしやすく、被害者にとって極めて深刻な結果（死亡や重大な傷害など）に至ることも決して珍しくない。そこで、事が起こった後で加害者を処罰することよりも、まずは事前に被害を防止し、また、被害者がさらなる被害にあわないように保護することが重要なポイントとなる。

②保護命令

　DV は、普通は一回限りで終わるものではなく、継続的に行われるものである。そこで、被害者が、加害者からさらなる暴力を受けることを防止するためには、加害者を被害者から引き離すことが重要である。特に、被害者が加害者のもとから逃げたとしても、加害者は被害者のことをしつこく追い回すことが決して珍しくない。こうした行為がエスカレートしないように、DV 防止法は、「保護命令」という規定を置いている。

　「保護命令」とは、被害者が裁判所に申し立てると、裁判所が、加害者が被害者の住居付近や職場付近などをうろつくことを禁止したり、加害者が被害者に対してストーカー的な行為をすることを禁止したりするものである。なお、DV 防止法は令和 5（2023）年に改正され（施行は一部の例外を除き 2024 年 4 月から）、SNS 等の送信や無承諾での GPS による位置情報取得といった行為も規制対象に含まれることとなった。また、同改正により、生命や身体に対する加害の告知だけではなく、そ

の自由・名誉・財産に対する加害の告知を受けた被害者についても、保護命令の対象とされることになった。

　では、もし加害者が、こうした命令に従わず、さらに被害者の住居近くをうろついたり、被害者に自分と会って話をすることなどを要求したりしたらどうなるのか。こうした場合に備えて、DV防止法は、保護命令に違反した者に対して、1年以下の懲役または100万円以下の罰金という刑罰を科している（同法29条）。なお、令和5（2023）年改正により、法定刑が引き上げられて、2年以下の懲役または200万円以下の罰金が科されるようになった。

　こうした法定刑は、一見するとそんなに重くないように見えるかもしれないが、この法律は、加害者を処罰することを目的としているのではなく、被害が生じることを事前に防止することを目的としている。したがって、保護命令に従わないと処罰されるということ自体がまずは重要なのである。いずれにしても、仮に加害者が保護命令に従わずに被害者に接触して、その挙げ句に重大な被害を生じさせた場合には、他の犯罪、例えば殺人罪や傷害罪といったより重い犯罪として処罰されることになる。

③保護体制

　DVの被害者は、自分が被害者であると気づかないこともよくある。というのは、DVの加害者は、ときに自分の行為を愛情によるものだと正当化し、それを被害者も信じ込んでしまうからである。「君を愛しているから君に厳しく当たるんだ」といった言葉を信じ、加害者に支配されてしまうことも珍しくない。また、自分が被害者であるとは思っていても、加害者をおそれるあまり、周囲の人に助けを求めることができないということもよくある。DVは、家庭の中で隠されてしまい、外に出てきにくい現象であり、いったん外に出てきたときには、被害者に重大な被害が生じていることが多い。

そこで、DV防止法は、配偶者からの暴力を受けている人を発見した人に、警察などへの通報を努力義務として課している（同法6条1項）。DVを発見した人は、他人の家庭の問題には立ち入りたくないため、見て見ぬふりをすることも多い。しかし、DVはもはや家庭内の問題にとどまらず、積極的に家庭の外から援助しなければならないというのがDV防止法の趣旨である。

　このようにして「発見」された被害者に対しては、DV問題を扱う機関である「配偶者暴力相談支援センター」が保護を行うことになる。同センターは、警察や都道府県・市町村の関係機関と協力しつつ、被害者の保護のために必要な措置を講じることになる。同センターでは、被害者を緊急に保護する必要がある場合には、一時的に身を隠す施設を提供したり（これを「シェルター」と呼ぶ）、様々な相談・カウンセリングを行ったりしている。また、福祉事務所も、被害者の自立を支援するために必要な措置を講じなければならないとされている。

　このように、何よりもまず社会の側が、家庭の中に隠されてしまいがちなDVを家庭の外に見える形にし、被害者を助けることが重要である。少なくともDVの問題については、「法は家庭に入らず」という考え方はもはや当てはまらない。DV防止法は、家庭が家族の問題を「解決する」場所であるだけではなく、「隠蔽する」場所でもあることに対応するための法律と言える。

（3）DV反撃殺人事例

　DVは、家庭が家族の問題を「解決する」場所から「隠蔽する」場所になっていることを如実に示している。そして、隠蔽された問題がときに悲劇的な結末に至ることもある。その一例として挙げられるのが、DVの被害者が、DVの加害者から継続的に暴力を振るわれた結果、それ以上耐えきれなくなり、逆にDVの加害者を殺害する事例である。こうした事例を「DV反撃殺人事例」と言う。最後に、この事例について

簡単に見てみることにしよう。

　DV反撃殺人事例の特徴は、① DV被害者が加害者から長年にわたって暴行・脅迫を受け、抵抗できない状況になっていること、② DV加害者の攻撃がエスカレートし、いつ重大な結果に至るような暴行をするかわからないこと、③ DV被害者が加害者に反撃できるのは、睡眠中などの加害者が無抵抗な状況にあるときだけであること、にまとめることができる。そして、特に重要なポイントは③である。もし仮に、DV加害者が被害者を殴る・蹴るなど激しい暴行を加えている最中に、DV被害者がたまたま近くにあった包丁で反撃したような場合には、正当防衛（刑法36条1項）が成立し、無罪となることも十分に考えられる。しかし、③のように、DV加害者が睡眠中に被害者が反撃した場合には、DV加害者は今まさに被害者を殴ろうとしているわけではないので、正当防衛の成立要件である「侵害の急迫性」という条件を満たさないことになる。とすると、DV被害者には殺人罪が成立してしまい、非常に酷な結末になるのではないだろうか。こうした過酷さが最も極端な形で生じたのが、尊属殺重罰規定違憲判決（最高裁昭和48年4月4日大法廷判決刑集27巻3号265頁）の事案である。法を学ぶ皆さんには是非一度読んでもらいたい。

　こうした問題については、まだ日本では十分に解決が示されていないが、実は世界の様々な国で同じような問題が起こっており、どの国でも解決に苦労している。こうした問題に取り組んでいくのも、法律を学ぶ者の重要な役割の一つである。

エピローグ

1 | この本の内容を振り返ってみよう

（1）エピローグのはじまり

　このエピローグを読んでいる読者の皆さんは、多分、ここまでの議論を（ところどころ飛ばしながら？）ひと通りは読んでいることであろう。**プロローグ**でも書いてあるように、この本は、大学に入学し、「大人への一歩」を踏み出した皆さんが、これから出会うかもしれない様々な問題に対して、「法的な」知識を提供し、「法的な」ものの見方に少しでも馴染んでもらおうという考えで書かれている。

　「法的な」ものの見方を多少なりとも学んだ読者の皆さんは、「法」というものにどのような印象を持たれたであろうか。ややこしい話や細かいきまりごとが多くてわかりにくいと思われたかもしれない。それはもちろん、著者である私たちの責任でもあるが、それに加えて、法的な議論というのは、他の専門的な議論と同じように、多かれ少なかれややこしい部分がある。さらに、同じ法的な議論であっても、民法、行政法、刑法はそれぞれ異なった角度から社会的な問題を解決しようとしているため、一読してすっと理解することはなかなか難しい。そこで、もう一度、この本の内容をごく簡単に振り返りつつ、私たちが読者の皆さんに伝えたいこと、考えてほしいことをまとめることにしよう。もしも内容について忘れている場合には、ページをめくって該当する箇所を読み直してほしい。

（2）契約の重要性

　第Ⅰ部「基礎編」では、読者の皆さんの身の回りで起こってもおかし

くなさそうなテーマを選んで、民法、行政法、刑法のそれぞれの立場でなるべく基礎的で重要な法的知識を提供しようとしている。例えば、**第1章**では、「消費者被害にあう」がテーマとなっているが、そもそも、**第1章**で出てきた鈴木君は、なぜ10万円を支払わないといけないような立場に追い込まれたのか、皆さんは覚えているであろうか。それは、鈴木君が、佐藤との間で、英会話教材についての売買契約を結んだからである。

こうした「契約」は、契約を結んだ両当事者の間に一定の権利義務関係を生じさせ、鈴木君は、売買契約に基づいて、10万円を支払う義務（金銭債務）を負うことになる。このように、単に人と人とが約束を交わしただけであっても、それが「契約」と評価された途端、当事者を拘束する効果を持つことになる。契約は、私たちの社会の基礎をなす重要な仕組みであって、契約があるからこそ、私たちは信頼して他の人と取引や交渉ができるのである。

こうした契約が簡単に破られるようであると、私たちは安心して社会で生活することができなくなる。例えば、**第5章**では「アルバイトをする」がテーマとなっているが、ティンさんと店長との間には労働契約が結ばれている。そして、ティンさんが頑張って働いたにもかかわらず、店長の気分次第で給料が払われなくなったとしたら、ティンさんはその先の生活に大いに支障をきたすであろう。そこで、ティンさんは、契約に基づいて、給料を支払うことを店長に要求することができる。店長がこうした要求をあくまでも拒んだ場合には、**第2章**の「お金を借りる」で説明したように、「債務不履行」として、債務の履行を強制するように裁判所に求めることができる。このように、契約は当事者を拘束する力を持っているが、その効力を最終的に保障しているのは国家である。

このように、契約の拘束力はとても重要なものであるが、その反面、契約に関わる人をあまりにも強く拘束してしまうことがある。特に、**第1章**で問題となっている鈴木君のような弱い立場にある人に対して、あ

くまでも 10 万円の支払いを強制することは、決して社会にとっても望ましいものではない。そこで、類型的に弱い立場にあると考えられる人々については、契約による拘束から解放するような仕組みや、そもそもそうした契約自体を結ばせることを禁止するような仕組みを設ける必要がある。**第1章**で説明した消費者契約法や特定商取引法といった特別法は、消費者を契約による拘束から解放するための規定を設けているし、**第2章**で説明した貸金業法は、高い利息で金銭を貸し付けることを禁止している。

　また、いくら契約があるからといっても、債権者が債務者に対して不当な手段を用いて強引に債務を履行させれば、それは私的自治の範囲を逸脱することになる。契約の拘束力を最終的に保障するのは国家であって、国家のみが一定の手続によって強制力を行使することができる。したがって、債権者が例えば暴力や脅しなどによって債務を履行させようとする場合には、**第1章**で説明したように、恐喝罪が成立し、刑罰が科される可能性もある。

　このように、契約の拘束力とその限界といった問題は、私たちの社会のあり方を理解する上でとても重要なポイントである。基礎編で何度も契約の話が出てくるのは、我々の社会を成り立たせる上で重要な、この契約という仕組みについて、是非とも読者の皆さんに理解してもらいたいと思っているからである。

（3）法に反した場合にはどうなるのか

　読者の皆さんは、第Ⅰ部「基礎編」を読んで、一口に「法に反する」といっても、様々なレベルで問題となることに気づかれたであろう。例えば、**第3章**の「交通事故にあう」では、前をきちんと見ないで自動車を運転していた南さんについて、道路交通法という法律に違反したかどうかが問題となっている。道路交通法違反の中には、自動車のドライバーに「違反点数」が加算されるものがあり、こうした点数が一定の点

数を超えると、免許停止となったり、さらには免許取消となったりする。こうした処分を行政処分と言うが、これは道路交通法という法律に違反した場合に生じる効果の一つである。

　しかし、道路交通法に反した場合に問題となるのは、行政処分だけではない。例えば、速度超過で運転すると、先ほど述べた違反点数が加算されるだけでなく、6か月以下の懲役または10万円以下の罰金という刑罰が科される可能性がある（道路交通法118条1項1号）。ただし、一定限度の速度超過であれば、交通反則金を支払うことによって、こうした刑罰を受けなくても済むが（交通反則制度）、例えば一般道で制限速度50kmのところを時速100kmで暴走したような場合には、こうした交通反則金ではなく、ただちに刑罰の対象となる。このように、同じ道路交通法違反の行為であっても、その内容や悪質さによっては、行政処分だけではなく、刑罰が科されることになる。

　また、**第3章**に出てくる南さんのように、道路交通法に反した運転によって人にケガをさせたり、死亡させたりすると、不法行為となり、民法上の責任が生じることになる（民法709条）。こうした責任を不法行為に基づく損害賠償責任と言い、契約に基づく債務不履行責任と並んで、民法上、極めて重要な意味を持っている。また、このような道路交通法に反した運転によって人にケガをさせた場合には、刑法上も過失運転致傷罪が成立し、刑罰が科される可能性もある。

　このように、ある一つの出来事に対して、行政法上、民法上、刑法上の複数の法的な効果が生じるのはなぜだろうか。一見すると、こうした仕組みは大変に複雑であり、また面倒である。もっとすっきりとした仕組みにできないのかと読者の皆さんは思うかもしれない（法学の研究者であるはずの著者も、度々そう思うことがある）。しかし、こうした複雑な仕組みになっているのは理由がある。それは、行政法、民法、刑法ではそれぞれ追求する目的が必ずしも同じではなく、異なった観点から独自の目的を有しているからである。

大まかに言うと、行政法は、一定の違法行為を防止して、将来同じような行為が繰り返されないようにすることを主な目的としている。自動車運転を例にすると、速度超過に対して違反点数を加算し、免許停止や免許取消といった行政処分を課す目的は、事故につながるような危険な運転行為を減らすことである。そのために、個別の運転が本当に危険であるかどうかはいったん無視して、制限速度より時速1kmでも速度超過があれば違反点数を加算するといった仕組みがとられている。もちろん、時速1kmでもオーバーすれば後は同じというわけではなく、超過した速度に応じて、違反点数も加重され、一回の違反で免許停止処分となる場合もある。また、**第7章**の「不法投棄」の2（3）のところで解説したように、刑法や民法に比べると柔軟かつ機動的に違法行為に対応できる場合も多い。

　これに対して、刑法は、一定の違法行為を防止し、将来同じような行為が繰り返されないようにする点では行政法と共通するものの、それだけにとどまらず、違法な行為をした人を法的に非難する点に主眼が置かれている。**第4章**の「路上喫煙」で説明したように、国家が行為者に対して、「お前は〇〇という違法な行為をした、非難に値する人間である」と責める（ラベリングをする）ことが刑法の重要な目的であるため、本当に非難に値するような違法行為についてだけ、刑法が用いられるべきことになる（これを「刑法の謙抑性」あるいは「刑法の補充性」と呼ぶ）。自動車運転を例にとると、個別の運転が本当に危険かどうかを度外視して、制限速度よりも時速1kmでもオーバーしていれば刑罰を科すといった仕組みは望ましくない。そこで、先ほども説明したように、一定限度の速度超過であれば、まずは交通反則金を支払えば済むような仕組みが採用されている。他方で、危険な自動車運転によって人が死亡したり負傷したりした場合には、刑罰を科すことで、その運転者の行ったことが悪いことであると非難するとともに、将来同じような危険な運転が行われないようにする必要も生じる。

では、民法の不法行為はどのような目的を有しているのか。民法でも、一定の違法行為を防止するといったことを考えていないわけではないが、不法行為という仕組みで最も重要な目的は、被害者に生じた損害を加害者が賠償することで、被害者の損害を可能な限り埋め合わせることにある。自動車運転を例にとると、事故を起こしたドライバーが被害者に賠償金を支払うことで、被害者はケガの治療をしたり、壊れた物の修理・買い替えをしたりするための費用に充てることができる。もちろん、被害者が死亡した場合を考えれば明らかなように、いくら賠償金を支払っても、完全に元通りになることはないかもしれないが、可能な限り、生じた損害を填補するというのが、不法行為という仕組みの持つ目的である。こうした考え方を徹底すると、生じた損害が填補されるのであれば、そのお金を支払うのが加害者である必要すらなくなる。そこで、自動車の運転者は自動車保険に加入することによって、万が一事故を起こした場合には、保険会社を通じて賠償金を支払えるようにするという仕組みがとられている。

　このように、同一の出来事に対しても、行政法、民法、刑法はそれぞれに異なった立場からアプローチをする必要がある。読者の皆さんにこうした違いを理解してほしいというのもまた、著者の私たちが本書を執筆した動機の一つである。

（4）社会のあり方と法の関係を考える

　第6章の「生活保護」や第II部「発展編」は、社会のあり方に対して法がどのように関わっているのか、また関わっていくべきなのかというテーマを扱っている。その中でも重要なテーマとして挙げられるのが、家族という枠組みに対して、法がどのようにアプローチすればよいのかについてである。

　そもそも、一口に「家族」とは言っても、どのような人的結合を「家族」と呼ぶのかは、実はそんなに簡単な問題ではない。婚姻をした夫婦

とその夫婦から生まれた子どもが「家族」であると考えるのは、比較的「自然」な考え方かもしれない。しかし、婚姻をした夫婦以外にも、様々なパートナーの形があり得るし、また、親子関係も実親子（生物学的な意味での親子）以外にも様々な形があり得る。こうした多種多様な関係のうち、どこまでを法が特に保護すべきなのかといった問題は、現代においてはとても重要なテーマであり、非常に活発な議論がなされている。例えば、**第12章**で扱ったように、同性婚を（どこまで）認めるのか、代理出産によって生まれた子どもは誰の子として扱われるのか、といったテーマは、日本だけではなく、様々な国で問題となっていることである。

　ある人的結合を法がいったん「家族」として扱うと、「赤の他人」同士では生じない様々な問題が生じる。**第6章**でテーマとなった「生活保護」では、こうした家族間での扶養義務が問題となっている。民法では、直系血族と兄弟姉妹については互いに扶養義務を負わせているが、そうした義務を守らない人に対して、義務の履行を強制することや、さらには刑罰を科すといったことは、**第6章**の1や3で解説したように、なかなか難しいことである。こうしたことを考えると、最終的には家族ではなく国家が責任を持って生活に困窮している人を助ける仕組みが必要である。これが生活保護という仕組みであって、憲法が規定する生存権を実質的なものとして保障するためには必要不可欠なものである。

　家族間の扶養義務は、家族（家庭）こそが個人を守るための場として期待されていることの表れであると言える。家族の誰かに何か問題が生じた場合であっても、それは家族内で解決すべきであって、また、解決することが期待されている。しかし、こうした考え方が必ずしも十分にはうまくいかないことがある。**第Ⅱ部**「発展編」の**第13章**で取り上げた児童虐待やDVといった事例は、やや強い言い方をすれば、家庭こそが犯罪の温床となり、また、犯罪を隠蔽する場となり得る場合があることを如実に示している。伝統的には、なるべく国家は家庭には干渉しな

いという考え方（こうした考え方を「法は家庭に入らず」と言う）が支持されてきたが、現代ではむしろ、法が適切なタイミングで家庭の問題に介入することが期待されている。ここでもまた、問題を解決できずにいる人に対して、最終的には国家が責任を持って助力を行う仕組みが必要なのである。

　もちろん、このような国家による助力は、度が過ぎると個人を国家に依存させてしまう可能性もある。重要なのは、困っている状況にある個人に対して、国家がひとまず介入し、その後にその人が自立できるように手助けをすることである。**第Ⅱ部**「発展編」の**第8章**では、こうした観点から、生活保護と自立促進についても解説をしている。自由な経済活動によって発展する社会においては、どうしても個人の間で格差が生じ、それが拡大する傾向にあることは避けがたい。しかし、こうした格差の拡大によって様々な問題が生じることもまた避けがたい。そこで、このような問題を解決するために、国家は様々な対策をとっている。読者の皆さんには、こうした社会と法のあり方についても理解してもらいたいと著者である私たちは考えている。

2 ｜ 本当のエピローグ

（1）きまりごととは何か

　マナー、ルール、法など、この世の中には様々なタイプの「きまりごと」があるが、それぞれの内容は必ずしも同じではない。**第4章**でテーマとなった「路上喫煙」を例にとってこの点をもう少し丁寧に説明しよう。1990年代までさかのぼってみると、路上喫煙を規制する条例は制定されていなかった。しかし、全国で路上喫煙が手放しで歓迎されていたというわけではもちろんなかった。例えば、火のついたタバコを持ちながら人ごみの中を歩くのは、特に小さい子どもに対して危険であると

の認識は次第に共有されつつも、なお喫煙者のマナーに委ねられていたと言える。要するに、路上喫煙は法的に規制されるような対象ではないとしても、人ごみの中などでタバコを吸うのはマナーに反するという意識は、既に社会に広まっていたのである。

　このように、世の中には、法的に規制はされていなくとも、人々の間で一定の規範が共有されており、事実的な拘束力を持つということは珍しくない（こうした規範を「社会規範」と言う）。むしろ、こうしたマナーやモラルが共有されているからこそ、社会が円滑に動いていくのだとも言える。もちろん、こういったマナーが国や地域によって異なることは珍しくない。よく引き合いに出される例で言えば、日本では、ラーメンや蕎麦といった麺は啜って食べるのが普通であり、特に蕎麦については音を立てて食べるのがマナーであるとまで言われることがある。これに対して、アメリカやヨーロッパの国々では、麺類について音を立てて食べるのはマナーに反するとされており、ラーメンですら音を立てずに食べる人が珍しくない。他方で、公共の場、例えば電車・列車内での携帯電話の使用（通話）については、日本では基本的には控えるのがマナーであるとされることが多いが、ヨーロッパでは（サイレントカーと呼ばれる車両を除いて）こうしたマナーは存在せず、乗客はお互いに遠慮せず、携帯電話でしゃべっている。このように、国や地域で異なることがあるとはいえ、それぞれの社会において一定のマナーが、一定の事実的な拘束力を持つことはとても重要なことである。

　しかし、よくよく考えてみると、なぜマナーが社会の「きまりごと」として事実的な拘束力を持つのか、実はよくわからない部分がある。また、なぜそういったマナーが意味を持つのかを考えていくうちに、そもそもそんなマナーが無意味なのではないかと考えられることすらある。例えば、電車内での携帯電話での通話を控えるのがマナーであるとする場合に、しばしば挙げられる理由としては、電車内での携帯電話の話し声が他人に迷惑をかけるというものがあるが、電車内で友達同士が

会話することよりもなぜ迷惑の度合いが高いのであろうか。本当に「静粛さ」が重要なのであれば、それこそコンサートホールでの演奏中のように、携帯電話の使用のみならず、隣席の人との会話もマナー違反であるとしなければ一貫しないようにも思われる。このように、ある事柄を「マナー」であると位置づけることは、実はそう簡単なことではない。

さらに、多くの人がマナーだと認めるようなことであっても、そのようなマナーはあくまでも事実的な拘束力を持つに過ぎず、そうしたマナーに従わない人間に対しては、マナーは無力である。先ほど挙げた路上喫煙の事例は、まさにこうしたマナーによる問題解決の困難さが示されたものと言える。日本で最初に路上喫煙を規制する条例を制定した東京都千代田区は、もともと路上喫煙やポイ捨てをマナーの問題として捉え、啓発活動を積極的に行ってきた。しかし、こうした啓発活動が実を結ばない条件が千代田区には揃っていた。それを端的に言えば、千代田区は、住民（夜間人口）と比べると、訪問者（昼間人口）が極端に多い地方自治体であり、住民にとっては重要な関心事である地域環境の保全や地域の子どもの安全といったことが、多くの訪問者にとってはさほどの関心事ではないという点にある。また、千代田区の訪問者はサラリーマンが多く、したがって喫煙者も多いということも重要である。喫煙者の数が多くなれば、マナーに配慮しない喫煙者の数もそれに伴って増えるのであり、マナーに基づいた解決が困難になる。そこで千代田区は、2002年に新たな条例を制定し、路上喫煙やタバコの吸い殻のポイ捨てを禁止して、違反者に過料を科すことにした。まさに、「マナーからルールへ」と政策の舵が切られたのである。

こうした事例を見てもわかるように、我々の社会でマナーが果たす役割は決して小さいものではないが、マナーをルール化し、さらには法規範として制定することが必要となる場合もまた数多く存在する。マナーとルール・法をどのように使い分けるのかは大変に難しい問題であり、読者の皆さんもこれから度々直面することになるかもしれない問題でも

ある。「全てをルール化して法律に委ねれば楽なのに」と思われるかも
しれないが、それは同時に、私たち市民がマナーの問題として自律的に
解決すべき領域を縮小させることをも意味する。それは決して望ましい
あり方ではない。

（2）問題解決の道具としての法

　社会のあらゆる問題を法に基づいて解決するのが望ましいわけではな
いと述べたが、それでもなお、法は多くの局面において大変に役に立つ
道具である。法を直接、裁判の場などで適用することで、社会における
もめごとの多くが解決できるというのは、法が持つ重要な機能である
（こうした裁判の場で法が規範として働くことを「裁判規範」と言う）。
この本でこれまで説明してきたことの多くは、法律や条例を裁判の場で
適用することでどのような解決が図られるかという点についてである。

　しかし、法の持つ機能はそれだけにとどまらない。法を適用すること
で一定の解決がなされることがあらかじめわかっていれば、人々はそう
した解決を意識しつつ行動するようになる。何か問題が起こったときに、
当事者で話し合いをする際にも、法が適用されればどのような解決がな
されるかがあらかじめわかっていれば、そのことを前提に当事者は話し
合いをすることになり、実際には裁判などを行わなくても、当事者間で
ある程度は円滑に問題解決が図られることになる。また、法のあり方を
人々が規範として受け入れれば、そもそも問題となるような行動がなさ
れにくくなるという効果が生じる（こうした行為段階における指針とし
ての規範を「行為規範」と言う）。

　このように、法は様々な局面で、問題解決の道具として機能する。こ
のような法のおもしろさを読者の皆さんに少しでも感じてもらえたら、
著者である私たちとしては大変に喜ばしいことである。もちろん、読者
の皆さんの中には、最後まで法は面倒くさいものだと思われた人もいる
であろう。しかし、そういった面倒くささにもかかわらず、法は私たち

にとってなくてはならない大切な道具であることを知ってもらえたら、将来皆さんが何か困った問題を抱えたときに、もしかしたら法が役に立つのではないかと思い出してもらえるかもしれない。そうした「役に立つ道具としての法」というイメージを持ってもらえれば、私たちの本書に込めた意図は達成されたことになる。

著者紹介 ────────────────────────────────

山下純司（やました よしかず）

1972年生まれ
東京大学法学部卒業
学習院大学法学部教授
専門：民法
主著：『条解信託法』（共著、弘文堂・2017年）
　　　『民法Ⅰ〔第2版補訂版〕』（共著、有斐閣・2020年）
　　　『法解釈入門──「法的」に考えるための第一歩〔第2版〕』（共著、有斐閣・2020年）

深町晋也（ふかまち しんや）

1974年生まれ
東京大学大学院法学政治学研究科博士課程退学
立教大学法学部教授
専門：刑法
主著：『緊急避難の理論とアクチュアリティ』（単著、弘文堂・2018年）
　　　『家族と刑法──家庭は犯罪の温床か？』（単著、有斐閣・2021年）
　　　『親による子の拐取を巡る総合的研究──比較法・歴史・解釈』（共著、日本評論社・2023年）

高橋信行（たかはし のぶゆき）

1974年生まれ
東京大学大学院法学政治学研究科博士課程修了
國學院大學法学部教授
専門：行政法
主著：『統合と国家──国家嚮導行為の諸相』（単著、有斐閣・2012年）
　　　『自治体職員のための　ようこそ行政法』（単著、第一法規・2017年）
　　　『共和国の崩壊と再生──ルネ・カピタンの民主制理論』（単著、弘文堂・2024年）

学生生活の法学入門（第2版）

2019（令和元）年12月30日　　初　版 1 刷発行
2024（令和6）年 3 月15日　　第 2 版 1 刷発行

著　者　山下純司・深町晋也・高橋信行

発行者　鯉渕友南

発行所　株式会社弘文堂　　101-0062　東京都千代田区神田駿河台1-7
　　　　　　　　　　　　　TEL 03(3294)4801　振替 00120-6-53909
　　　　　　　　　　　　　https://www.koubundou.co.jp

ブックデザイン　江口修平

DTP　NOAH

印　刷　三陽社

製　本　井上製本所

ISBN 978-4-335-35978-1

弘文堂プレップ法学

これから法律学にチャレンジする人のために、覚えておかなければならない知識、法律学独特の議論の仕方や学び方のコツなどを盛り込んだ、新しいタイプの"入門の入門"書。

プレップ	法学を学ぶ前に	道垣内弘人
プレップ	法と法学	倉沢康一郎
プレップ	憲法	戸松秀典
プレップ	憲法訴訟	戸松秀典
プレップ	民法	米倉明
*プレップ	家族法	前田陽一
プレップ	刑法	町野朔
プレップ	行政法	高木光
プレップ	環境法	北村喜宣
プレップ	租税法	佐藤英明
プレップ	商法	木内宜彦
プレップ	会社法	奥島孝康
プレップ	手形法	木内宜彦
プレップ	新民事訴訟法	小島武司
プレップ	破産法	徳田和幸
*プレップ	刑事訴訟法	酒巻匡
プレップ	労働法	森戸英幸
プレップ	社会保障法	島村暁代
プレップ	知的財産法	小泉直樹
プレップ	国際私法	神前禎

*印未刊